Sabine Herre

Glücksorte in Passau

Fahr hin & werd glücklich

Dieses

Glücksbuch

ist für

Liebe Glücksuchende,

am Anfang dieses Buches steht eine für Sie vielleicht überraschende Feststellung: Passau ist nicht einfach nur eine Stadt. Passau ist eine Landschaft. Es ist eine Insel, die zwischen gleich drei Flüssen schwimmt und von diesen oft auch überschwemmt wird. Es ist ein Tal, ja, ein Talkessel zwischen steilen Bergen und sanften Hügeln. Nichts Schöneres gibt es für mich, als immer wieder auf diese Landschaft zu schauen. Und so ist es auch kein Wunder, dass viele der Glücksorte, die in diesem Buch beschrieben werden, am Wasser liegen oder hoch auf einem Berg sind. Dabei scheint es oft, als habe sich seit der Zeit, in der Kaiserin Sissi in Passau Urlaub machte, (fast) nichts verändert. Die Gasthöfe mit ihren uralten Kastaniengärten tragen ebenso wie der alabasterweiße Dom mit seinen prächtigen Kuppeln das Etikett „ewig".

Und doch hat sich Passau gerade in den letzten Jahren radikal verändert, was vor allem mit den Studierenden der neuen Uni zusammenhängt. Legendär sind ihre Bootspartys auf der Donau und die Frühstückscafés rund um den Residenzplatz. Dieser ist im Übrigen mein Lieblingsglücksort in Passau: Wie schön ist es, aus dem Gewirr der engen Altstadtgassen auf diesen sonnigen, weiten barocken Platz zu kommen. Der Passauer Kabarettist Sigi Zimmerschied sagt: „Passau ist eine Muse, der wir immer wieder verfallen." Wie recht er hat!

Ihre Sabine Herre

Deine Glücksorte …

… noch mehr Glück für dich

„Glück"

Steil nach oben

1 Von der Donau durch die ältesten Gassen

Bunt ist es hier, aber auch grau. Ziemlich steil und holprig. Man fühlt sich in diesen engen, manchmal nur 2 Meter breiten Altstadtgassen ein bisschen wie im Mittelalter. Sie heißen Pfaffen-, Messer- oder Schustergasse: Namen, die darauf verweisen, wer früher hier lebte. Von der Donau führen sie zum Domberg hinauf oder laufen parallel zum Fluss. Ihre Häuser, die ein gelbes, grünes oder rosa Kleid tragen, sehen aus, als wären sie in der lebenslustigen Barockzeit gebaut worden. Doch das ist nur der oberflächliche Blick. Wer genau hinsieht, entdeckt, dass Türen und Fenster mit groben grauen Steinen eingefasst wurden und schon mehr als 700 Jahre alt sind. Sie entstanden, als die Passauer Bürger sich ihre Stadtrechte erkämpften.

Am bekanntesten ist die Pfaffengasse mit ihrem gigantischen Fresko des heiligen Christophorus über einem weit geschwungenen Torbogen. Früher wohnten hier viele Domgeistliche, also Pfaffen, heute treffen sich Einheimische zu geistigen Getränken in einer außergewöhnlichen Kneipe. „Kreuzweis" heißt sie, wobei in früheren Zeiten jenes „Du kannst mich mal …" eine vollkommen andere Bedeutung hatte und das Küssen des Kreuzes meinte. Das handtuchgroße Lokal ist für seine Schnitzel und Poetry-Slams berühmt. Und so kommt die Gasse der Pfaffen manchmal erst weit nach Mitternacht zur Ruhe.

TIPP

Vegane Currywurst im Café Unterhaus, Höllgasse 12.

Gleich um die Ecke liegt die Höllgasse mit ihren typischen Schwibbögen. Da sie regelmäßig vom Hochwasser der Donau überschwemmt wird, lebten hier einst die Armen der Stadt. Nach einer Sanierung in den 1980er-Jahren ließen sich dann viele Künstler nieder. Auf diese – oder konkreter den Kulturverein AGON e. V. – gehen die bunt bemalten Pflastersteine zurück. Und in der Passauer Kunstnacht im Juli ist hier die Hölle los. Oder wie die Passauer Neue Presse einst titelte: „Für viele ist die Höllgasse heute der Himmel auf Erden."

● Altstadt, 94032 Passau

● ÖPNV: Citybus ab ZOB oder Hbf., Haltestelle Rathaus- oder Residenzplatz

ningergasse

Auf der Piazza

2 Der Rathausplatz

In seinem berühmten Buch über die Donau schreibt der Triester Schriftsteller Claudio Magris: „In Passau fühlt der Reisende, dass das Fließen des Wassers Sehnsucht nach dem Meer bedeutet, Verlangen nach der Glückseligkeit der offenen See." Und er erinnert daran, dass seit Jahrhunderten unzählige Elogen die Dreiflüssestadt als das „schöne, herrliche, bayerische Venedig" preisen.

Vielleicht kann man dieses Gefühl der Sehnsucht nach der offenen See am besten am Rathausplatz erspüren. Aus den engen mittelalterlichen Gassen kommend, öffnet sich ein weiter Raum auf eine italienisch anmutende Piazza am Ufer der Donau. Immer wieder wurde der Rathausplatz daher mit dem Markusplatz in Venedig verglichen. Wie so viele Vergleiche scheint auch dieser übertrieben, nur in einem Punkt ist er durchaus zutreffend: Passaus Rathausturm ähnelt mit seinem viereckigen, spitzen Dach dem venezianischen Markusturm. Allerdings ist der Passauer Turm viel jünger, erst Ende des 19. Jahrhunderts wurde er in seiner heutigen Form erbaut. Dreimal am Tag spielen 23 Bronzeglocken eine von 88 möglichen Melodien, es ist das größte Glockenspiel Bayerns.

TIPP

Am Rathausturm befindet sich neben dem Tourismusbüro ein historischer Hochwasseranzeiger.

Sehr viel älter als der Turm ist das Rathaus selbst, dessen Ursprünge auf das Jahr 1298 zurückgehen. Die Fassadenfresken zeigen Kaiser Ludwig den Bayern und vier Fahnenträger aus Sachsen, Trier, Köln und Bayern. Durch ein Spitzbogenportal mit dem Wappen Passaus betritt man ein romanisches Kellergewölbe, in dem heute der Ratskeller untergebracht ist.

Das Beste am Rathausplatz ist jedoch sein Ausblick: hinüber zu den Donaudampfern und Kreuzfahrtschiffen, die heute dort ankern, wo früher die Donaufischer ihre Waller und Huchen verkauften. Hinauf zur Veste Oberhaus, machtpolitisches fürstbischöfliches Gegenstück zum Haus der Bürger. Und so heißt es Platz nehmen auf der Piazza zu Espresso oder bayerischem Weißbier und das Venedig Bayerns genießen.

- Rathausplatz, 94032 Passau
- ÖPNV: Citybus ab ZOB oder Hbf., Haltestelle Rathausplatz

Apfelstrudel und Trüffel

3 Confiserie & Café Simon

Das Beste ist vielleicht die Trinkschokolade aus bolivianischem Wildkakao. Oder doch die bayerische Prinzregenten-Torte mit ihren acht hauchdünnen Biskuitböden und Schokobuttercreme? Oder sind es die Waffeln mit Nougatlikör? Und dann gibt es da natürlich noch die Strudel – mit Marillen oder Zwetschgen, mit Mohn oder Topfen und mit Äpfeln sowieso. Die Entscheidung fällt schwer – in der Konditorei Simon im Herzen der Passauer Altstadt. Doch da es sich unter dem gotischen Kreuzgewölbe aus dem 15. Jahrhundert entspannt und zeitvergessen wie in einem Wiener Kaffeehaus sitzen lässt, kann man ja auch gleich mehrere Leckereien bestellen.

Das Simon ist in Passau eine Institution. Schon 1903 wurde am Rindermarkt eine Konditorei mit einer Lebzelterei und einer Bienenwachszieherei eröffnet, deren Teilhaber ein Paul Simon war. Diese Kombination an Manufakturen mag heute überraschen, war damals jedoch keine Seltenheit. Denn in die Holzmodel für die Lebkuchen goss man das Bienenwachs. Inzwischen wird das Haus von den Simons in der vierten Generation geführt, die Kerzenherstellung wurde zwar aufgeben, aber Elisen-, Gewürz- und Honiglebkuchen fertigt man weiterhin.

TIPP

Das Simon bietet auch herzhafte Speisen sowie Frühstück an.

Simons Köstlichkeiten können Besucher nicht nur vor Ort verkosten, sondern auch mit nach Hause nehmen. Neben den Schokoladetafeln mit ihren traditionellen 30 „Ripperln" empfiehlt sich ein Sortiment aus Pralinen und Trüffeln, die jeder selbst zusammenstellen kann. Doch auch hier fällt die Auswahl schwer: Matcha-Mango-Praline, Rosen-Trüffel oder Trüffel aus Klosterneuburger Stiftswein – um nur drei Varianten von rund 50 zu nennen. Und ständig kommen neue hinzu. Dass die Simon-Produkte ohne Geschmacksverstärker oder Konservierungsstoffe hergestellt werden, versteht sich von selbst. Einen neuen, stylischen Ableger hat das Simon im Übrigen inzwischen bei der Stadtgalerie in der Bahnhofstraße eröffnet.

- Confiserie & Café Simon, Rindermarkt 10, 94032 Passau
  www.simon-passau.de
- ÖPNV: Citybus ab ZOB oder Hbf., Haltestelle Rindermarkt

Walnussnougat
Pistazien Nougat
Vanille-Toffee
Passauer Rotling
mit Wein aus Passau
Stück
€ 1,30
Passauer Maulbeerpraline
mit Fruchtkern
Stück
€ 1,30

Gegenkultur in der Provinz

4 Das ScharfrichterHaus

Dies ist eine Geschichte aus der „guten“ alten Zeit Passaus. Aus einer Zeit, in der die Stadt noch fest in der Hand einer extrem konservativen CSU war und am Aschermittwoch Zehntausende in der Nibelungenhalle Franz-Josef Strauß zujubelten. Und da auch die katholische Kirche und die Passauer Neue Presse ihren Teil zur Zementierung der herrschenden Verhältnisse in diesen 1970er- Jahren beitrugen, sprach man schnell von der „Heiligen Dreifaltigkeit“.

Doch in der Stadt gab es damals auch zwei Studenten, die es ablehnten, in solch einem Paradies auf Erden zu leben. Sigi Zimmerschied und Bruno Jonas nannten sich die „Die Verhohnepeopler“, und als sie 1975 ihr Stück „Himmelskonferenz“ auf die Bühne brachten, rächte sich die Dreifaltigkeit mit einem Verfahren wegen Gotteslästerung. Stoppen ließen sich die beiden jedoch nicht mehr: 1977 eröffneten sie als „Modell der Gegenkultur in der Provinz“ das Kabarett „ScharfrichterHaus“ unweit des Rathauses. Und wieder versuchte die CSU die Aufführungen mit Verboten und Drohungen zu verhindern.

TIPP
Wer vor einer Aufführung essen möchte, sollte rechtzeitig kommen.

Gelungen ist dies nicht. Vielmehr zählt das „Scharfrichterbeil“ seit vier Jahrzehnten zu den begehrtesten Auszeichnungen für junge Kabarettisten, auch Hape Kerkeling hat es sich einst erspielt. Dass in dem Haus im Mittelalter der Henker von Passau wirkte, geht auf eine Legende zurück. Die Kabarettisten selbst sehen sich eher in der Tradition der „Elf Scharfrichter“, Kabarettisten der Jahrhundertwende in München. Inzwischen hat das ScharfrichterHaus seine Angebote stark erweitert: In einem Passau, in dem nicht mehr die CSU, sondern rund 12.000 StudentInnen der Uni die Atmosphäre der Stadt prägen, ist es unter anderem zu einem Treffpunkt für Musikkabarettisten und Jazzmusiker geworden. Und in dem wunderschönen dreistöckigen Arkadenhof des Hauses lässt es sich trefflich speisen.

- ScharfrichterHaus, Milchgasse 2, 94032 Passau
www.scharfrichterhaus.de
- ÖPNV: Citybus ab ZOB oder Hbf., Haltestelle Rathaus

ScharfrichterHaus

Phoenix aus der Asche

5

Hoch droben bei der Wallfahrtskirche Mariahilf

Wie muss es für einen Wanderer in früheren Zeiten gewesen sein, wenn er, aus den sanften Hügeln des österreichischen Innviertels kommend, plötzlich hoch über Passau stand? Wenn er auf das vom Wasser umflossene Häusermeer hinabsah, über dem sich, dem Wanderer direkt gegenüberliegend, eine mittelalterliche Festung ausbreitete?
Doch wie muss es für einen Wanderer gewesen sein, der 1681 als Zimmermann aus dem Innviertel nach Passau kam und keine Stadt, sondern einen Friedhof vorfand? Gleich zweimal, 1662 und erneut 1680, wurde Passau in gewaltigen Bränden in Schutt und Asche gelegt. Über das Wüten des Feuers schrieb damals ein anonymer Beobachter: „Nicht dreißig Minuten waren verflossen, als schon die ganze Stadt völlig in Brand stand."

TIPP

Nicht weit entfernt an der Grenze zu Österreich lädt das Hotelrestaurant Waldschloss mit großem Biergarten zur Einkehr.

Um zu retten und um wiederaufzubauen, kamen in den Jahren danach Baumeister und Künstler aus Italien und aus dem Böhmischen an die Donau. Und eben auch Zimmerleute aus dem Innviertel. Leicht war der Wiederaufbau nicht, denn der Handel lag darnieder und die einst so reichen Bürger waren mit einem Schlag verarmt. Und doch erhob sich aus den Ruinen schon bald ein neuer, diesmal barocker Dom. Nur wenige Jahrzehnte später sollte Alexander von Humboldt Passau zu den sieben schönsten Städten der Welt zählen.
Hoffnung gab Baumeistern wie Bürgern eine Wallfahrtsstätte, die erst wenige Jahrzehnte zuvor hoch über Passau – „ob Passau" – errichtet worden war und schon zu einer der bedeutendsten des ganzen Deutschen Reiches zählte. Nach dem Vorbild einer Mariendarstellung von Lukas Cranach dem Älteren hatte man das Gnadenbild gefertigt, und nun war die Kopie bereits populärer als das Original. Bis heute kommen wegen der verträumt ihr Kind haltenden Maria unzählige Gläubige, Wanderer und natürlich auch Touristen nach Mariahilf. Doch sie kommen auch, weil sich neben der Wallfahrtskirche mit ihren fast ländlichen Obstgärten ein Blick auf Passau öffnet, der seit nunmehr drei Jahrhunderten zum schönsten gehört, was die Stadt zu bieten hat.

- Wallfahrtskirche Mariahilf, Mariahilferberg 3, 94032 Passau
- ÖPNV: Linie K1 ab ZOB Bussteig 4 Richtung Mariahilferberg, Haltestelle Mozartstraße

Ein Hut kann glücklich machen

6

Das Edelweiß & Rosenrot

Auch wer in seinem Leben noch nie einen Hut getragen hat – vor diesen Schaufenstern bleibt er mit Sicherheit stehen. Dutzende Kopfbedeckungen sind da zu sehen: Klassiker, wie Humphrey Bogart sie einst trug. Oder Ballonmützen, die zum Markenzeichen von Brian Johnson wurden. Sportliche Golfcaps, verwegene Schiebermützen, teure Lederhütte und weniger teure Strohhütte. Einfallsreiche Kreationen aus hauchdünnen Stoffen, die man sonst bei königlichen Hochzeiten sieht. Aber auch die typischen winterlichen Wollhüte mit einer Feder geschmückt, die vielen Passauern ein ganzes Leben lang dienen. Ziemlich lange bleibt da mancher Passant vor dem Schaufenster stehen und scheint zu überlegen, ob er es nicht doch einmal probieren sollte mit dem ersten Hut seines Lebens. „Viele suchen ihr Glück, wie sie ihren Hut suchen, den sie auf dem Kopf tragen", schrieb der Dichter Nikolaus Lenau Anfang des 19. Jahrhunderts. Doch viele Menschen werden auch mit einem Hut glücklich.

Zumindest gilt dies für Sybille und Sebastian Eglit, die Besitzer des Hutladens Edelweiß & Rosenrot im Steinweg unterhalb des Doms. Schon mit 15 Jahren, als er gerade seinen Rollerführerschein machte, interessierte sich Sebastian für Hüte, um sich dann 2009 von seinem Beruf als Fachinformatiker zu verabschieden und in den Betrieb seiner Mutter einzusteigen. Seit mehr als zehn Jahren entwerfen sie beide Modelle inzwischen auch selbst und besuchen Designermessen in Paris, um sich inspirieren zu lassen.

Auf die Frage, wie sich die Hutmode in all den Jahren verändert hat, antwortet Sebastian Eglit: „Hüte müssen heute praktisch sein, man will sie auf Reisen mitnehmen, und daher sind einrollbare Traveller im Trend." Hüte erfüllen also einen Zweck, doch machen sie auch wirklich glücklich? „Auf jeden Fall. Ein Hut wird zu einem Teil von einem selbst. Sie fühlen sich buchstäblich gut behütet." Und daher kauft sich so mancher Erstkunde schon bald seinen zweiten Hut.

TIPP

Bei Edelweiß & Rosenrot gibt es auch schöne Schirme.

- Edelweiß & Rosenrot, Steinweg 16, 94032 Passau
  www.hutmodepassau.de
- ÖPNV: Citybus ab ZOB oder Hbf., Haltestelle Domplatz

Eine gut versteckte Oase

7 Der Weingarten der Stiftschenke

Wer als Fremder nach Passau kommt, würde ihn wohl kaum finden, den Weingarten der Stiftschenke in der Heiliggeistgasse. Nur eine unscheinbare Treppe führt in die Gaststube und vom Grün der Weinstöcke im Hof ist von außen gleich gar nichts zu sehen. Aber welch Fremder sucht im niederbayerischen Passau mit seinen unzähligen Brauereien schon einen Weingarten? Wo hier doch weit und breit kein Wein wächst.

Tatsächlich kommt der Wein, der in der Stiftschenke ausgeschenkt wird, aus der österreichischen Wachau, ganz genau aus den Weinbergen des Heilig-Geist-Stiftes in Krems – daher auch der Name „Stiftschenke". Der Grund für diese Verbindung zwischen Bayern und Österreich ist ein sozialer. Im Jahr 1358 stiftete ein Passauer Münzmeister ein Spital für die Armen der Stadt und schenkte diesem zur Finanzierung Weinberge in der Wachau. Noch heute kommen die Erlöse aus dem Weinverkauf der Heilig-Geist-Stiftung zugute.

TIPP
Wachauer Weine kann man in der Schenke natürlich auch kaufen.

1358 – diese Jahreszahl findet sich auch im Wappen der Stiftschenke. Vielleicht ist es damit das älteste, noch in Betrieb befindliche Gasthaus der Stadt, doch so genau wissen die Historiker dies nicht. Die Schenke mit ihren holzgetäfelten Stuben war und ist eine Institution in Passau, in der sich die Honoratioren der Stadt zum Stammtisch treffen.

Am schönsten jedoch ist es im „Wachauer Weingartl" im Hochsommer. Dann haben die Rebstöcke über den Lauben ein dichtes grünes Blätterdach wachsen lassen, in dessen Schatten man die Zeit vergessen kann und der spritzige Apostelfischerriesling gleich doppelt so gut schmeckt. Dass die Fußgängerzone nur wenige Schritte entfernt ist, davon ist hier nichts zu spüren und zu hören. In Gedanken versunken bestellt so mancher Fremde also noch ein Glas, und wenn sich plötzlich der Hunger meldet, sollte er sich für den Donau-Waller blau entscheiden – denn der ist eine rare Spezialität. Ebenso wie das Weingartl.

● Heilig-Geist-Stiftschenke und Stiftskeller, Heiliggeistgasse 4, 94032 Passau
www.stiftskeller-passau.de
● ÖPNV: 3 Minuten zu Fuß vom ZOB

Fluid Painting an der Donau

8

Das Museum Moderner Kunst Wörlen

Das Faszinierende an diesem Museum ist seine Verbindung von ganz unterschiedlichen Kulturen und Epochen. Kubistische Malerei in einem gotischen Gewölbe. Schwarz-weiß-Fotografien türkischer Bräute unter barocken Holzdecken. Bunte Videoinstallationen in kühlen, streng klassizistischen Räumen. Dies sind nur einige wenige Beispiele für die Ausstellungen im Museum Moderner Kunst Wörlen, denn dieses Museum verändert sich ständig, mit jeder neuen Präsentation wirkt es anders spannend.

Das Museum, das eigentlich mehr eine Kunsthalle ist, denn eine Dauerausstellung gibt es gar nicht, liegt direkt am Ufer der Donau. Ende der 1980er-Jahre wurde es von Hanns Egon Wörlen geschaffen, daher der Zusatzname. Der Sohn des Künstlers Georg Philipp Wörlen (1886–1954) ließ dazu vier bis ins 12. Jahrhundert zurückreichende Häuser restaurieren und miteinander verbinden, sodass ein Ausstellungsort mit ganz eigener Atmosphäre entstand. Besonders gelungen: der Lichthof mit verziertem Deckenspiegel und Arkaden im Herzen des Hauses.

TIPP

Zum Museum gehört auch ein Café mit Blick auf die Donau.

Jedes Jahr stellen hier zwischen zehn und zwölf Künstler aus. Viele stammen aus der Donauregion und Osteuropa, denn Wörlen war Mitbegründer der Donau-Wald-Gruppe. Teile seiner rund 5000 kubistischen und expressionistischen Arbeiten, die sich heute im Besitz des Museums befinden, werden immer wieder in Sonderausstellungen präsentiert. Zum Konzept des Museums gehört es aber auch, jungen Künstlern eine Chance zu geben, und so stehen im Lichthof ihre Namen auf Tafeln neben weltweit bekannten Größen wie Joseph Beuys oder Joko Ono.

Ebenfalls zum Museumskonzept gehört es, jede Ausstellung mit „altersgerechten“ Führungen und Workshops zu begleiten. Besonders beliebt – nicht nur bei Kindern – ist das „Fluid Painting“, wenn flüssige Farbe auf eine bewegte Leinwand gegossen wird und so ganz neue Kunstwerke entstehen.

- Museum Moderner Kunst Wörlen Passau, Bräugasse 17, 94032 Passau
www.mmk-passau.de
- ÖPNV: Citybus ab ZOB oder Hbf., Haltestelle Römerplatz

MUSEUM
MODERNER
KUNST

Stuckorgien und Orgelmusik

9 Dom St. Stephan

Wer zum ersten Mal den Passauer Dom betritt, dürfte kaum das Gefühl haben, an einem Glücksort angekommen zu sein. Gerade noch zogen uns die leuchtend weißen Kirchtürme mit ihren schwungvollen grünen Kappen an – doch im Inneren dann das: grauer Stuck, wohin das Auge blickt, unterbrochen nur von einigen kleinteiligen Fresken. Muskulöse Stuck-Männer, Atlanten, stützen die Pfeiler, Engel mit etwas zu groß geratenen Köpfen schwenken Blumengirlanden. Zwei Italiener, Carlo Lurago und Giovanni Battista Carlone, haben sich hier ihr Stuckdenkmal gesetzt.

Das blaue Himmelszelt aber, das ansonsten das Gewölbe barocker Gotteshäuser überspannt und den Gläubigen Erlösung, eben den Himmel, verspricht, es fehlt hier (fast) gänzlich.

TIPP
Auf dem Domplatz findet der Weihnachtsmarkt und am Samstag ein Wochenmarkt statt.

Daher empfiehlt es sich, an einem hohen Feiertag während des Gottesdienstes in den Dom zu kommen oder zu einem der Konzerte, die das Bistum Passau regelmäßig anbietet. Und wenn dann die Orgel ertönt und der Chor einsetzt, verwandelt sich das bisher so graue Gotteshaus tatsächlich in einen Glücksort. Oder wie es ein Protestant in dieser ach so katholischen Umgebung zu Beginn des 18. Jahrhunderts formulierte: „Er begann indessen mit klarer Stimme zu singen: Tantum ergo. Und der Chor antwortete ihm. O Jesus, war das schön! Ich dachte, bin ich im Himmel oder wo?“

Die Orgel, die der protestantische Besucher damals hörte, ist mit der heutigen freilich nicht zu vergleichen. Ganze 28 Register zählte sie und stammte aus der Zeit nach dem Wiederaufbau des bei einem Stadtbrand im 17. Jahrhundert zerstörten gotischen Doms. Die heutige Domorgel umfasst dagegen nahezu unglaubliche 233 Register und zählt mit ihren 17.974 Pfeifen zu den größten der Welt. Geschaffen wurde sie erst in den 1970er-Jahren von der einheimischen Orgelbaufamilie Eisenbarth. Ihr Klang bringt selbst den starren italienischen Barock zum Schwingen.

- Dom St. Stephan, Domplatz, 94032 Passau
- ÖPNV: Citybus ab ZOB oder Hbf., Haltestelle Domplatz

Drei Flüsse, drei Farben

10 Das Dreiflüsse-Eck von oben

Im Laufe vieler Jahrhunderte ist Passau oft mit einer Insel verglichen worden oder auch mit einem Schiff. Ganz von Wasser umflossen und immer wieder von diesem überschwemmt. Doch wenn die Stadt ein Schiff ist, dann ist die spitz auslaufende Landzunge an ihrem östlichen Ende der Bug. Ein Bug, der zugleich die bekannteste Sehenswürdigkeit Passaus ist: das Dreiflüsse-Eck. Nirgendwo sonst auf der ganzen Welt gibt es einen Ort, an dem drei Flüsse aus drei Himmelsrichtungen zusammenkommen, um dann in die vierte Richtung weiterzufließen.
Das Besondere des Dreiflüsse-Ecks aber wird nicht so sehr am Eck selbst, also an der Ortsspitze, sondern vielmehr von hoch oben deutlich. Und hierfür eignet sich kein Platz besser als ausgerechnet eine alte Geschützstellung der Soldaten des Passauer Fürstbischofs: die „Batterie Linde", die zum Museum der Veste Oberhaus gehört.
Am schönsten ist es, am späten Nachmittag hierherzukommen, wenn die Sonne bereits über die Stadt hinweggezogen ist und sie nun von Westen her zum Leuchten bringt. Viele Stunden könnte man hier unter der uralten Linde verbringen und beobachten, wie sich tief unten bei der Veste Niederhaus die Wasser von Donau und Ilz vereinigen, um dann beim Dreiflüsse-Eck den mächtigen Inn aufzunehmen.

TIPP

Vom Aussichtsturm der Veste bietet sich nicht nur ein Blick auf die Stadt, sondern auch hinüber zum Bayerischen Wald.

Von hier oben sieht man nämlich tatsächlich alle drei Flüsse, am Eck selbst sind es eigentlich nur Donau und Inn. Und man sieht, wie unterschiedlich gefärbt das Wasser der drei Flüsse ist. Schwarz scheint die aus dem Norden kommende Ilz, die auch den Beinamen „Schwarze Perle des Bayerischen Waldes" trägt. Von Süden nähert sich mächtig der Inn mit seiner Grünfärbung, die so typisch ist für ein in den Alpen entspringendes Gewässer, manchmal, nach starken Regenfällen, aber eher grau wirkt. Und dazwischen schließlich die von West nach Ost fließende Donau, deren Farbe am wenigsten bestimmt werden kann. Blau ist sie jedoch bestimmt nicht.

- „Batterie Linde", Veste Oberhaus, Oberhaus 125, 94034 Passau
www.oberhausmuseum.de
- ÖPNV: Shuttlebus vom Rathausplatz

Ein Helles unter Kastanien

11

Hacklberger Biergarten

Er ist der größte Biergarten Passaus und für viele Passauer auch der schönste. Schon bevor die Kellner ihre Reindl mit Schweinsbraten und Knödeln, ihre Platten mit hauchdünn geschnittenem Radi oder Schüsseln voller Wurstsalat zum Büfett tragen, warten die ersten Bierdurstigen: Wanderer und Radfahrer, die ihren Frühsport bereits hinter sich haben und sich nun aufs „Auftanken" freuen, was hier wörtlich gemeint ist. In die Maßkrüge fließt frisch gezapftes Radler oder ein Helles, wie man in Bayern zum Lager sagt. Von diesem spritzigen Bier hat man im Schatten der uralten Kastanien schnell mal zwei oder drei getrunken, so süffig ist es.

Die Brauerei Hacklberg im gleichnamigen Stadtteil links der Donau ist im Besitz des Bistums Passau. Fürstbischof Sebastian von Pötting verlegte das „Hochfürstliche Bräuhaus" 1675 hierher, weil der hinter der Donau steil ansteigende Berg für sein gutes Quellwasser bekannt war. 100 Jahre später war eine weitläufige Schlossanlage entstanden, an die heute noch der Festsaal des Fürstenbaus erinnert. Hier feiern die Passauer gern prunkvolle Hochzeiten. Gefeiert wird aber auch im Biergarten selbst, nicht nur beim Fußball-Public-Viewing, sondern auch mit Jazz und Rap.

Was beim Hacklberg so richtig glücklich macht, ist aber noch etwas anderes, denn hier blieb eine uralte Tradition lebendig. Als die ersten Brauerei-Biergärten unter König Max von Bayern Anfang des 19. Jahrhunderts eröffneten, durften diese nur Bier ausschenken, aber kein Essen verkaufen. So brachten sich die Bayern ihr Essen im Brotzeitkorb selbst mit und tun dies bis heute. Wer also statt Schweinsbraten lieber Veganes oder Vegetarisches mag – kein Problem. Oder man kauft sich in einem Passauer Feinkostladen Parmaschinken und Parmesan und genießt in dieser bayerischen Oase eine italienische Auszeit vom Alltag. Ende offen.

TIPP

Im Bräustüberl neben dem Biergarten, der auch zur Brauerei Hacklberg gehört, gibt es besondere Spezialitäten wie Südtiroler Kaspressknödel.

- Hacklberger Biergarten, Bräuhausplatz 7, 94034 Passau
  www.hacklberger-braeustueberl.de
- ÖPNV: Linie 5, 6, 7 und K1 ab ZOB Bussteig 3, Haltestelle Schulstraße

Glückskäufe allerorten

12 Theresienstraße und Grabengasse

Ja, so müssen Innenstädte aussehen. Klar, es gibt auch in Passaus Fußgängerzone die allseits bekannten internationalen Bekleidungsketten und Schuhgeschäfte. Aber es gibt eben auch die Theresienstraße und die Grabengasse, um nur die zwei interessantesten Einkaufsstraßen des Zentrums zu nennen. Denn hier reiht sich eine Vielzahl von kleinen, kleinsten und unterschiedlichsten Geschäften wie Perlen auf einer Schnur aneinander. Wer einen Laden für Instrumente sucht oder eine Änderungsschneiderei, wer Trachten kaufen möchte oder flämische Schokolade, wen es nach Gold gelüstet oder nach alten Büchern – hier wird er fündig.

Die kleinen Läden zu erhalten und nicht den großen Ketten weichen zu müssen, ist für die Eigentümer freilich nicht einfach. Von den Zeiten der Corona-Pandemie einmal abgesehen, sind die Straßen zwischen Donau und Inn an gleich zwei Seiten von Hochwasser bedroht. 2013, bei der bisher letzten großen Flut, mussten sie mit Kanus und Schlauchbooten zu ihren Geschäften fahren. Tatsächlich leitet sich der Name Grabengasse von einem Graben zwischen Donau und Inn ab, der einst als Vorwerk des Römerlagers auf dem Domberg diente. Der Name Theresienstraße hat dagegen einen weniger kämpferischen Ursprung und geht auf die Gattin von Bayerns zweitem König, Ludwig I., zurück.

In den zumeist barocken Häusern, erbaut nach den Stadtbränden von 1662 und 1680, mangelt es nicht an Cafés, Bars oder Restaurants. Ab 9 Uhr morgens lassen sich die ersten Gäste zu einem Frühstück, gern auch bayerisch mit Weißwurst, nieder. Mittags zieht es die Studierenden dann in die asiatische Umami-Bar (siehe Seite 100). Und ab dem späten Nachmittag wird es im „Weingut Passau“ voll. Keine Vinothek, keine Bar und auch kein Restaurant, sondern die beste Mischung aus allem, so die Eigenwerbung. Sicher ist, dass das Weingut das abwechslungsreichste Weinangebot ganz Passaus hat.

TIPP

In der Theresienstraße 19 arbeitete der Arzt und Dichter Hans Carossa.

● Theresienstraße und Grabengasse, 94032 Passau
● ÖPNV: 5 Minuten zu Fuß vom ZOB

CAFÉ ROSES
bei jedem Flammkuchen
ein Glas 0,1 L
Hauswein inklusive
Roses Cafe & Bistro

Spannend und lehrreich

13 Das Römermuseum Kastell Boiotro

Passau ist eine der ältesten Städte Deutschlands. Mehr als 2000 Jahre zählt sie inzwischen, und schon vor den Römern hatten die Kelten hier eine Siedlung gegründet. Entscheidend war jedoch, dass die römischen Kaiser die Region um Passau zur Nordgrenze ihres Reiches machten und zu ihrem Schutz ab dem 1. Jahrhundert n. Chr. zwei Kastelle, Batavis und Boiotro genannt, bauen ließen. Davon dürfte sich der Name Passau abgeleitet haben. Die Militärlager mussten jedoch nicht nur befestigt, sondern auch mit den notwendigen Importwaren versorgt werden. Dazu zählten damals vor allem Wein aus Italien und das rare Salz. „Weißes Gold" wurde es genannt, und der Handel mit ihm trug jahrhundertelang zum Reichtum Passaus bei.

Nun ist es nicht einfach, sich vorzustellen, wie es damals in Passau in den ersten Jahrhunderten nach der Zeitenwende zuging. Die Orte, an denen Kelten und Römer einst siedelten, sind in den 2000 Jahren nicht nur einmal überbaut worden. Welch Glück also, dass man bei Bauarbeiten immer wieder Stücke aus der römischen Vergangenheit findet, wie zum Beispiel 1983, als eine knapp 15 Zentimeter große Jupiterstatue aus Bronze entdeckt wurde. Überhaupt ist die Suche nach römischen Münzen und anderen Alltagsgegenständen an der Donau beliebt. Heimatforscher werben auf ihrer Internetseite für den Einsatz von Metalldetektoren, wobei sich Finder und Grundstückseigner den Wert des gefundenen Gegenstands jeweils zur Hälfte teilen müssen.

TIPP

Nebenan liegen Kirche und Friedhof St. Severin aus dem 5. Jahrhundert.

Viele dieser Fundstücke sind heute im Römermuseum Kastell Boiotro in der Innstadt zu sehen, das auf den Fundamenten des Kastells ruht. Nach dem Umbau zu einem Multimediamuseum werden dort 400 Jahre römischen Alltags durch das Berühren von Touchscreens lebendig. Man wandert über römische Straßen, hört die Geschichten des Zollbeamten Florianus und verfolgt die Arbeit der Gutsverwalterin Flora. Unterhaltsamer kann Geschichte kaum sein.

- Römermuseum Kastell Boiotro, Lederergasse 43, 94032 Passau www.museen-in-passau.de/boiotro.htm
- ÖPNV: Linie 3, 4 ab ZOB Bussteig 1 D Richtung Achleiten, Haltestelle Kirchenplatz

Entspannen am Wasser

14 Inn-Spaziergang

Er ist die stillere Seite Passaus: der Innkai. Während sich am geschäftigen Donaukai die Touristenbusse ebenso drängen wie die Kreuzfahrtschiffe, ist er ein Ort für Spaziergänger. Autos gibt es keine, und auch Radfahren ist (eigentlich) nicht erlaubt. Der Weg verläuft so nah am Wasser, dass man die Beine hineinstrecken kann. Aber auch kleine Treppchen, die früher die Fischer nutzten, um zu ihren Booten zu kommen, führen hinab. Aus den trockenen Mauern, auf die den ganzen Tag die Sonne prallt, wachsen bunte Blumen, und ab und zu sonnt sich eine Eidechse. Nur am Abend und in der Nacht wird es am Innkai laut, denn inzwischen hat er sich zu einer Partyzone entwickelt.

Der Spazierweg beginnt am Dreiflüsse-Eck, führt vorbei am Schaiblingsturm mit seinem roten Kegeldach zum mächtigen Renaissancekolleg der Jesuiten. An dem runden Turm, der bereits im Wasser steht, legten die Salzschiffe an, die das „weiße Gold" nach Passau brachten und es reich werden ließen. Später nahm ihn die Hitlerjugend in Besitz, und nach dem Krieg zog Schauspieler Albert Hehn, Vater des Traumschiff-Kapitäns Sascha Hehn, ein. Heute ist der Schaiblingsturm ein Wahrzeichen der Stadt und Ort kultureller Veranstaltungen.

TIPP

An der Innpromenade steht auch ein Denkmal für die Opfer des Nationalsozialismus.

Der Turm war Teil der Befestigungsanlage, mit der sich Passau vor seinen Angreifern schützte. Wer heute am Inn entlangspaziert, kann sich dies nur schwer vorstellen. Allein das aus dem 12. Jahrhundert stammende Innbrücktor bei der Marienbrücke lässt die damalige Zeit lebendig werden. Mitte des 18. Jahrhunderts hatte Fürstbischof von Auersperg die Befestigung abreißen lassen, um für seine Passauer die Innpromenade anzulegen. Sie schließt sich an den Innkai an und führt fast bis zur Universität.

Besonders schön ist es am Inn im Frühling, wenn am Fluss die Magnolien und Kastanien blühen, die Cafés ihre Balkone und Terrassen öffnen und sich ein tiefblauer Himmel über den Fluss spannt.

- Innkai, 94032 Passau
- ÖPNV: Linie 3, 4 ab ZOB Bussteig 1 D Richtung Achleiten, Haltestelle Stadttheater

Fisch an der Theke

15

Restaurant Bouillabaisse

An dieser französischen Oase inmitten der Passauer Neumarktgassen könnte man leicht vorbeilaufen. Einzig ein Aufsteller mit dem Hinweis „Nur im 1. Stock" weist auf das Fischrestaurant Bouillabaisse hin. Aber mehr Werbung ist auch nicht nötig, denn das Zweizimmerlokal zählt nur 40 Plätze, und ohne Reservierung geht häufig nichts. Ab und zu hat ein zufälliger Besucher dennoch das Glück, an der Theke einen Platz zu ergattern, was dann ein mehrfaches Glück ist: Bei Seeteufel mit Hummersauce oder gebratenen Sardinen erfährt er vom Wirt etwas über Herkunft und Zubereitung seiner Fische und von den Thekennachbarn das Neueste aus dem Passauer Alltag.

Hinter der Theke stehen schon seit mehr als 20 Jahren Ursula und Albert Stühler. Zuvor arbeitete der Koch an der Ostsee und in Spanien, um nur zwei von vielen Stationen zu nennen. Des ständigen Ortswechsels leid, eröffneten die beiden zunächst ein Restaurant samt Fischgeschäft in der Bratfischwinkelgasse, in der die Berufsfischer einst ihre Donaufische verkauften. Heute kommen Fischliebhaber bis aus Regensburg ins Bouillabaisse, um in den Genuss der berühmte Fischsuppe aus Marseille zu kommen. In diese gehören bei den Stühlers keine Muscheln, sondern drei Sorten Fisch wie Barsch oder Schwertfisch, je nachdem, was gerade in besonderer Qualität zu haben ist. Abgeschmeckt wird mit Pernod und Noilly Prat, und zu allen Gerichten gibt es Knoblauchbaguette, das an der Theke stets frisch geröstet wird.

TIPP
Es gibt stets auch ein Gericht für Fleischliebhaber.

In einer Rezension über das Restaurant hieß es einmal, dass dieses aus der Zeit gefallen sei und dass zwischen der alten Holztäfelung vielleicht schon Hans Moser oder Heinz Rühmann saßen. Damit gemeint war wohl Folgendes: Hätte es das Bouillabaisse schon in den 1950er-Jahren gegeben, hätten die gleichen klassischen Gerichte auf der Speisekarte gestanden. Es ist vermutlich gerade dieses Zeitlose, was das Bouillabaisse zu einem Glücksort macht.

● Bouillabaisse Fischspezialitäten, Rosengasse 1, 94032 Passau, Tel. 08 51/3 77 95
● ÖPNV: 5 Minuten Fußweg vom ZOB

Château Carsin
CUVÉE
2000
CARSIN

Genussvolle Pause

16

Der Residenzplatz

Er ist so etwas wie die „Gute Stube“ Passaus. Ein Ort, an dem man sich zu Hause fühlen kann: der Residenzplatz zwischen Dom und Erzbischöflichem Palais. Sicher, Residenzplatz hört sich nicht ganz so heimelig an. Vielmehr denkt man wohl an einen weiten, offenen Raum mit kaiserlichen oder königlichen Kolossalbauten. Doch Kaiser oder Könige residierten in Passau nie, stattdessen hatte der Fürstbischof das Sagen. Und der regierte die oft aufmüpfigen Passauer von seiner Burg hoch über Donau. So wurde der Residenzplatz, der lange „Unter den Krämern“ hieß, zum quirligen Marktplatz Passaus.
Seit sich der Einkaufstrubel jedoch in die „Neue Mitte“ verlagert hat, geht es am Residenzplatz gemütlicher zu. Einheimische treffen sich beim Brotholen vor der Bäckerei Hoft zu einem Schwätzchen. Der Wittelsbacherbrunnen mit seinen Engeln, Symbole für die drei Flüsse der Stadt, plätschert leise vor sich hin. Rund um ihn herum haben Cafés ihre Tische und Stühle aufgestellt, an denen sich die Angestellten des nahen Landgerichts bei einem Espresso entspannen. Wozu die Hektik, scheinen sie den Touristen zuzurufen, die den Platz auf ihrem Weg zum Dom queren und sich am liebsten auch zu einem Weißbier niederlassen würden. Langweilig wird es hier nie. Immer hat das Auge in diesem 360-Grad-Theater etwas zu entdecken.

TIPP

Im „essStudio“ gibt es Bioweine aus dem Osten Europas, Wurst und Speck aus Böhmen und Bayern und auch die Spezialität „Steinpilzbutter“.

Am besten sollte man am Vormittag kommen, wenn die Sonne den Chor und die Türme des Doms zum Leuchten bringt. Der Blick wandert zu den geschwungenen Balkonen des Bischofspalais, weiter zum früheren Waaghaus der Kaufmannsgilde bis hin zur „Hofapotheke Zum Schwarzer Adler“, die schon 1384 erwähnt wurde. Auffallend ist, dass all die rosa, hellgrünen oder gelben Häuser ein flaches Dach haben. Inn-Salzach-Stil nennt sich dies, und so kann man sich hier schon ein bisschen wie in Österreich fühlen. Kein Wunder, dass im viel gelobten Altstadt Beisl immer österreichische Gerichte auf der Speisekarte stehen.

- Residenzplatz, 94032 Passau
- ÖPNV: Citybus ab ZOB oder Hbf., Haltestelle Residenzplatz

P
scherich

Stille halten und staunen

17

Mit dem Ausflugsboot auf der Donau

Sie fängt unspektakulär an, um dann in einem grandiosen Finale zu enden: eine Schiffsfahrt durch das Dreiflüsse-Eck. Die Piers der Schifffahrtsgesellschaft Wurm & Noé, so etwas wie die Nachfolger der legendären Donaudampfschifffahrtsgesellschaft, liegen unweit des Rathauses, und zu jeder vollen Stunde beginnt eine rund 45-minütige „Stadtrundfahrt". Man kann sich jedoch auch für eine zweistündige Tour entscheiden, die dann donauabwärts bis zur österreichischen Grenze bei Obernzell führt. Dort empfiehlt es sich, die Fahrt zu unterbrechen und das Keramikmuseum sowie die Skulpturen der Stille (siehe Seite 56) zu besuchen, um dann mit dem nächsten Schiff zurückzufahren. Zudem bieten Wurm & Noé, die einst als Donaufischer begannen, an Feiertagen Fahrten mit Galabüfett an.

TIPP

Man kann Fahrten vorab im Internet buchen und ist so sicher, einen Platz zu bekommen.

Neustes Highlight der 13 Schiffe zählenden Flotte ist das „Barefoot boot by Til Schweiger", das mit natürlichen Materialien wie Leinen, Korb und viel Holz in hellen Farben gestaltet wurde. Sein Ziel ist die Schleuse bei Engelhartszell, wobei die Schleusung beim Donaukraftwerk Jochenstein als absoluter Höhepunkt gilt: „Ein Moment des Stillhaltens", wie es auf der Homepage heißt. Schweigers Vorstellung eines modernen Ausflugsschiffes kann man zudem bei der Abendfahrt „Summertimes" mit sanfter Bordmusik und den Lieblingsgerichten des Schauspielers kennenlernen.

Doch zurück zur Stadtrundfahrt: Nachdem das Schiff unterhalb des Dreiflüsse-Ecks gedreht hat, fährt es nun frontal auf die Stadt zu. Und während sich die Türme all ihrer Kirchen und Klöster immer klarer am Horizont abzeichnen, wird einem plötzlich bewusst, dass jahrhundertelang Reisende Passau zum ersten Mal auf diese Weise gesehen haben. Wie etwa Angelus Rumpler, einer der ersten Geschichtsschreiber Bayerns, der seine Eindrücke 1506 so formulierte: „Passau ist ein ganz und gar ungewöhnlicher Platz. Wer könnte ob seiner Schönheit nicht in Staunen versetzt sein."

- Donauschifffahrt Wurm & Noé, Höllgasse 26, Kasse am Pier 12, 94032 Passau www.donauschifffahrt.eu/passau/
- ÖPNV: Citybus ab ZOB oder Hbf., Haltestelle Rathausplatz

BOAT
Johanna
Passau-D
30000323

Verwirrspiel am Fluss

18

Durch die Ilzschleife von Hals

Wer sich in Hals nicht auskennt und sich vom Verlauf der Ilz leiten lässt, kann hier schnell die Orientierung verlieren. Kaum hat man den Passauer Stadtteil mit seinen 1500 Einwohnern stromaufwärts verlassen, ist man schon wieder in Hals zurück. Auch wenn man dies zunächst gar nicht merkt, sondern sich über den Anblick eines freundlichen Dorfes mit geraniengeschmückten Balkonen und Höfen freut, auf denen die Bauern gerade dabei sind, ihre Traktoren anzulassen oder ihre Pferde auf die Weide zu bringen.

Hals hat seinen Namen nicht zufällig. Der Name leitet sich ab von der Engstelle, die die Ilz hier bildet. Die „Perle des Bayerischen Waldes" mäandert kurz vor ihrer Mündung in die Donau in einer Doppelschleife, etwa so wie bei einer Geschenk- oder bei einer Schuhschleife. Und wer das nicht weiß, ist bei einer Wanderung entlang des Flusses eben schneller als gedacht wieder zurück am Ausgangsort. Anders ausgedrückt könnte man auch sagen, dass die Ilz zweimal durch Hals fließt. Wer sichergehen möchte, nicht vom richtigen, etwa 4 Kilometer langen Rundweg abzukommen, folgt ab dem Wanderparkplatz nahe der Ortsmitte den Markierungen mit der Nummer 11.

TIPP
Die private Burgruine kann bei Führungen besichtigt werden.

Hoch über Hals thront auf einem steil abfallenden Felsen die ehemalige Burg der Herren von Hals. Heute eine Bilderbuchruine war sie im Mittelalter eine der größten Festungsanlagen Niederbayerns. Haupteinnahmequelle des Ortes war die Flößerei mit Holz aus dem „Woid". Dafür wurde eine Triftsperre angelegt und das Triftwasser durch einen heute noch begehbaren Tunnel quer zum Fluss geleitet. Auch dieser trägt zur Verwirrung der Wanderer bei.

Unweit des Marktplatzes mit seinem mittelalterlichen Pranger und dem gern besuchten Wirtshaus, in dem Franz Lehár seine erste Operette schrieb, liegt die „Esplanade", eine kurze Promenade, die so gar nicht zu diesem Dorf passen will. Doch um 1900 wurde Hals zu Bad Hals, und eine Münchner Zeitschrift lobte die „heilkräftigen Ilzbäder" und die Spaziergänge durch „üppig geschmückte Wiesen und goldene Saatfelder".

- Halser Ilzschleife, 94034 Passau
- ÖPNV: Linie 4 ab ZOB Bussteig 1 A, B Richtung Hochstein, Haltestelle Hals

Über Passau schweben

19 Auf der Veste Oberhaus

Man kann auf die Veste Oberhaus, die Burg der Passauer Fürstbischöfe, mit einem städtischen Shuttlebus oder dem eigenen Auto hinauffahren. Man kann jedoch auch von der Donau aus durch den alten Wehrgang in einer guten Viertelstunde hinaufsteigen. Dabei müssen immerhin 100 Höhenmeter überwunden werden, weshalb man sich dann besonders freut, auf der Burg mit ihren schattigen Renaissance-Arkaden angekommen zu sein. Inzwischen hat die Burgverwaltung auch Liegestühle zum Chillen aufgestellt.

Die Festung der Bischöfe entstand ab dem 13. Jahrhundert. Im Zentrum der Anlage stehen Fürsten- und Schachnerbau, dessen Entstehungsjahr 1499 weithin sichtbar an der Fassade prangt. In ihren Innenräumen befindet sich ein abwechslungsreiches Kunst- und Handwerksmuseum (siehe Seite 138). Schon im ersten Hof reizen zwei lebensgroße Pferdestatuen zum (natürlich verbotenen) Besteigen, es sind Werke von Hans Wimmer, der als der beste „Pferde-Bildhauer des 20. Jahrhunderts" gilt. Wer auf die Ausstellungen keine Lust hat, blickt von der „Batterie Linde" auf das Dreiflüsse-Eck (siehe Seite 26), wirft einen Blick in die stimmungsvolle Georgskapelle mit ihren 600 Jahre alten Fresken, um dann immer weiter den Burgberg hinaufzusteigen. Nach einer Sanierung neu eröffnet wurde der Aussichtsturm mit 3-D-Modellen und Augmented-Reality-Fernrohr. Hat man die 150 Stufen erst einmal bewältigt, wird man mit einem 360-Grad-Blick belohnt, der bis zu den östlichen Gipfeln des Bayerischen Waldes reicht.

TIPP

Die Burg-Sternwarte lädt jeden Mittwoch zur Entdeckung der Galaxien ein.

Hat man schließlich auch den höchstgelegenen Torturm durchschritten, ist eine Auszeit redlich verdient. Vorbei an Holunder-Schwertlilien, Katzenminze und Wermut, Pflanzen, die die sonnigen Burgfelsen besonders lieben, führt eine Treppe hinab zum Restaurant „Das Oberhaus". Auf seiner Sonnenterrasse wird leichte bayerische Küche serviert. Kulinarisch und geografisch schwebt man jetzt hoch über der Stadt.

● Veste Oberhaus, Oberhaus 125, 94034 Passau
www.oberhausmuseum.de
● ÖPNV: Shuttlebus ab Rathausplatz

Kultur im Dreiländereck

20 Die Europäischen Wochen

Vor der barocken Klosterkirche von Fürstenzell stehen weiß gedeckte Biertische und -bänke. In der Kirche erklingt Gioachino Rossinis „Petite messe solonelle". Doch vor dem Gloria machen die Musiker eine Pause, und das Publikum strömt zu den weißen Tischen, denn jetzt gibt es ein kulinarisches Intermezzo. Nein, das ist keine Idee der Macher der Europäischen Wochen. Genauso war das Programm bei der Uraufführung der Messe in einem Pariser Palais 1864.

Die Europäischen Wochen, in Passau nur kurz EW genannt, sind das Aushängeschild der Region und neben den „Musikfestspielen Saar" das einzige Festival, das in gleich drei Ländern stattfindet. Denn Passau ist eben nicht nur eine Dreiflüssestadt, sondern liegt auch im Dreiländereck Deutschland, Tschechien, Österreich. Genau dies war der Grund, warum bereits 1952 US-amerikanische Besatzungssoldaten die EW aus der Taufe hoben: „Wir fordern die Vereinigten Staaten von Europa", so lautete das erste Motto. Heute, rund 70 Jahre später, kommen im Juni und Juli bis zu 10.000 Besucher zu den rund 80 Konzerten, Theateraufführungen und Diskussionsveranstaltungen. Der politische Anspruch hat sich bis heute erhalten. Jedes Jahr widmet sich die EW einem bestimmten Thema: Frauen, Flüchtlinge, Frankreich, Barock, die Sehnsucht nach Italien und natürlich immer wieder Europa.

TIPP

Zu Beginn der Europäischen Wochen findet ein Ball in der Dreiländerhalle statt.

Gespielt wird an Orten mit ganz unterschiedlicher Atmosphäre: in Schlosshöfen, auf Bergbauernhöfen, Marktplätzen, Waldbühnen. Und seit Jahren kommen jedes Jahr Europas beste Künstler ins Dreiländereck. 2021 waren es Igor Levit, Ute Lemper, die Berliner Philharmoniker – um nur einige zu nennen. Für viele der bisher beglückendste Moment der gesamten Festspiele: 2017 eröffnete ein Chor aus rund 100 Sängerinnen und Sängern aus allen Regionen des Dreiländerecks die EW mit Beethovens „Freude schöner Götterfunken", der Europahymne.

● Festspiele Europäische Wochen Passau e. V., Nibelungenplatz 5, 94032 Passau
www.ew-passau.de

Wo einst Soldaten exerzierten

21 Der Passauer Wochenmarkt

Größer könnte der Unterschied kaum sein: Dort, wo einst Soldaten exerzierten, dort, wo die Nationalsozialisten ihre Nibelungenhalle bauen ließen, dort befindet sich heute einer der genussvollsten Orte der ganzen Stadt. Zweimal in der Woche, am Dienstag- und am Freitagvormittag, trifft sich gefühlt halb Passau auf dem Wochenmarkt im sogenannten Klostergarten, wobei der Markt am Freitag mit einem deutlich größeren Angebot lockt als jener vom Dienstag.
Auf dem Markt vertreten sind nicht nur Bauern aus dem Passauer Land, sondern auch aus dem Hügelland zwischen Isar und Inn im Süden sowie dem Bayerischen Wald im Norden und natürlich aus Österreich, das liegt ja gleich nebenan. Und so ist das Angebot so vielfältig wie grenzenlos: Bauerngeräuchertes vom Biohof „Landluft" im Rottal. Saiblinge aus einer Teichwirtschaft im Donauengtal. Gämsenfleisch aus den Alpen. Bierstangl aus der Grafmühle Thyrnau. T-Bone-Steaks vom Murnau-Werdenfelser-Rind. Trüffelpecorino von der Kaswerkstatt Somann. Und daneben natürlich Blumen und Gewürze, Honig, Antipasti und Gemüse, Gemüse, Gemüse. Seitdem sich der Markt mehr und mehr zu einem vormittäglichen Treffpunkt der Passauer entwickelt hat, gibt es zudem auch Imbisswägelchen mit Streetfood.
Doch nicht einmal das breite Angebot ist das Beglückendste an diesem Markt. Vielmehr ist es die sichtbare Freude, heute und hier einkaufen zu können, die vielen Passauern anzusehen ist. Tatsächlich wurde lange um den Ort für einen Wochenmarkt gestritten. Traditionell hatten die Bauern ihre Stände auf dem Domplatz aufgeschlagen, der zuletzt immer weniger Kunden anzog. Denn durch den Bau des Shoppingzentrums beim Busbahnhof verlagerte sich das Einkaufsleben von der Altstadt mehr und mehr in Passaus „Neue Mitte" (siehe Seite 72). Allerdings fehlte dieser Mitte die besondere Atmosphäre. Erst der Wochenmarkt hat sie buchstäblich zur neuen Mitte der Stadt gemacht.

TIPP
Der Markt auf dem Domplatz findet jetzt am Samstag statt.

● Wochenmarkt im Klostergarten, Nibelungenplatz 1, 94032 Passau
● ÖPNV: direkt beim ZOB

OPEN
BERGKÄSE
OPEN
HEUKÄSE
in Bio-Almwiesenheu
gereift
Bruder Meinrad
nur 35% Fett i.Tr.
würziger
RässKäse
100%
HEUMILCH
BergKäse
mild oder würzig
Sennereiemmentaler
nussig und mild
DorfKäse
rahmig + sahnig

Übernachten im Sissi-Zimmer

22

Hotel Wilder Mann

Würde ein Besitzer heutzutage sein Hotel „Wilder Mann" nennen? Wohl kaum. Doch früher trugen viele Gasthöfe diesen Namen, und zwar vor allem dann, wenn sie am Rand von nur schwer zugänglichen Urwäldern lagen. Und ein wilder Wald war im Mittelalter der vor den Toren Passaus liegende Bayerische Wald ja tatsächlich.

Passaus „Wilder Mann" steht direkt am Rathausplatz, wurde schon 1303 erstmals urkundlich erwähnt und zählte seit dem 17. Jahrhundert zu den führenden Gasthäusern. Vielleicht war er sogar das beste der ganzen Stadt. Oder warum hätte sich Österreichs Kaiserin Elisabeth im Spätsommer des Jahres 1862 ausgerechnet hier für gleich sechs Tage einmieten sollen? Getroffen hat sich die damals 24-jährige Sissi mit ihrer Mutter Ludovika und mit der letzten Königin von Neapel, ihrer vier Jahre jüngeren Schwester Marie. Sieben Hotelzimmer belegte die Kaiserin, und manch heutiger Besucher witzelt, dass sich seit damals wenig verändert habe. Zumindest vermitteln die Zimmer noch ganz den biedermeierlichen Charme dieser Zeit. Auch das „Sissi-Zimmer" blieb erhalten und kann gebucht werden.

TIPP
Im Hotel ist das Passauer Glasmuseum untergebracht (siehe Seite 112).

Doch Sissi war nicht der einzige berühmte Gast. Nachdem das Hotel an die 100 Jahre geschlossen war, ließ der umtriebige Investor Georg Höltl die ursprünglich vier Altstadthäuser sanieren und miteinander verbinden. Am 15. März 1985 wurde der „Wilde Mann" dann von Neil A. Armstrong, dem ersten Mann auf dem Mond, wiedereröffnet. Später übernachteten gleich vier Bundespräsidenten (von Weizsäcker, Herzog, Rau und Köhler) sowie diverse Könige und Kardinäle nahe dem Donauufer. Ebenso wie die Hotelgäste heute konnten sie besonders eines genießen: den Blick über Altstadt und Dom auf der Dachterrasse im sechsten Stock oder unter Kronleuchtern aus böhmischem Glas im lichtdurchfluteten Adalbert-Stifter-Saal, denn dort wird im „Wilden Mann" das Frühstück serviert.

- Hotel Wilder Mann, Schrottgasse 2, 94032 Passau
www.wilder-mann.com
- ÖPNV: Citybus ab ZOB und Hbf., Haltestelle Rathausplatz

Hotel Wilder Mann

Forellen und Perlmuscheln

23 An der Ilz unterwegs

Flusswanderungen haben etwas ungemein Beruhigendes. Man braucht keine Karte und auch kein GPS, man kann sich einfach vom Fluss treiben lassen. Und wenn man sich nicht entschieden hat, gegen den Strom zu wandern, braucht es auch keine besonderen Anstrengungen, denn flussabwärts geht es immer abwärts.

Dies ist auch bei der Ilz, der „Schwarzen Perle des Bayerischen Waldes", nicht viel anders. Im bayerisch-böhmischen Grenzgebirge entspringend, hat sie bis zu ihrer Mündung in die Donau bei Passau 70 Kilometer vor sich. Und doch bietet eine Wanderung durch die „Flusslandschaft des Jahres 2003" sehr viel mehr Abwechslung als eine normale Flusstour. Ja, eine Fernsehsendung hat den Weg entlang der Ilz sogar einmal als „Traumpfad" bezeichnet. Denn ihr Tal ist häufig so eng, dass man immer wieder hoch über das schäumende Wasser hinaufklettern muss. Auf schmalem Pfad versperren dabei nicht selten gefallene Urwaldriesen den Weg. Manchmal jedoch verharrt man einfach und staunt angesichts des Meeres von Schwertlilien, Glockenblumen oder Wolfsmilch.

TIPP
Die Mühle hat einen Campingplatz, der idyllischer nicht sein könnte.

Die Ilz verdankt den romantischen Beinamen zum einen ihrem braun-schwarzen Wasser, zum anderen den Perlmuscheln, die jahrhundertelang hier gesammelt wurden und bis in die Kronen deutscher Fürsten gelangten. Heute bemüht man sich um ihre Wiederansiedlung, doch bisher haben es nur wenige Muscheln geschafft, in „Freiheit" versteckt zwischen Kieselsteinen zu überleben.

Der vielleicht beliebteste Ort an der Ilz ist die Schrottenbaummühle 30 Kilometer nördlich von Passau. Bereits 1429 erwähnt, wurde hier einst das widerstandsfähige Getreide der Berge, also Roggen und Gerste, gemahlen. Heute kommen die Gäste wegen der köstlichen frischen Forellen, und schon ab 10:30 Uhr kann man bei einer Wanderpause studieren, welch unterschiedliche Grüntöne der Mischwald an der Ilz zu bieten hat.

- Wanderparkplätze an der Schrottenbaummühle 2, 94142 Fürsteneck sowie im Schlossweg 5, 94142 Fürsteneck
- ÖPNV: Linie 6110 ab Passau Hbf., Haltestelle Voglöd, von da 3,8 Kilometer zu Fuß bis zur Schrottenbaummühle

Wo Genuss zu Hause ist

24 Die Feinkosthandlung Bachl

Am schönsten ist es, mit Menschen zu tun zu haben, die ihren Beruf lieben. Und genau dies trifft auf Rupert Bachl zu, der nunmehr seit über 30 Jahren, genauer gesagt seit 1989, seine Feinkosthandlung nahe der Donau führt. Dabei ist der 1960 geborene Passauer von Beruf eigentlich Erzieher. Doch als es damit in den 1980er-Jahren nicht so gut lief, die Deutschen aber den Geschmack von gereiftem Balsamico-Essig, französischem Rohmilchkäse und luftgetrocknetem Schinken entdeckten, beschloss Bachl, umzusatteln.
Drei Jahre arbeitete er in einem Feinkostladen in Deggendorf, bevor er sich mit einem kleinen Geschäft in der engen Gasse namens Roßtränke selbstständig machte. Vermutlich würde ein Besucher an der unscheinbaren Fassade vorbeilaufen, wenn da nicht die braunen Weidekörbe mit ihrer bunten Vielfalt an deutschen, österreichischen oder italienischen Weinen lockten.

TIPP

Bei Bachl gibt es auch Kaffeebohnen der traditionsreichen Passauer Rösterei Rabby.

Die Passauer freilich, sie kennen ihren Rupert Bachl und schätzen sein Sortiment so sehr, dass sie häufig auf einen schnellen Imbiss vorbeischauen. Denn neben Hunderten unterschiedlichster Artikel haben in dem zimmergroßen Feinkostgeschäft noch zwei Stehtische Platz. Und auch im grünen Innenhof kann man sich Antipasti, Fenchelsalami oder englischen Stiltonkäse zu einem Glas Crémant von der Loire schmecken lassen. Schon am Morgen kommen die ersten Stammgäste auf einen Espresso oder Cappuccino vorbei.
Hier einzukaufen macht einfach Spaß. Denn auch für jene, die sich mit edlen Obstbränden oder höhlengereiftem Emmentaler nicht so gut auskennen, hat der Feinkosthändler immer einen Tipp bereit. Zudem führt Rupert Bachl, dessen Markenzeichen seine bunten Fliegen sind, nicht nur Produkte aus dem europäischen Ausland, sondern auch Regionales und Unerwartetes. So zum Beispiel einen Gin aus Ruhstorf im Rottal oder Weine des Passauer Weinguts Weizenberger – wie Bachl Quereinsteiger in das schöne Geschäft mit Essen und Trinken. Und so freut man sich schon beim Verlassen des Ladens auf das Verkosten zu Hause.

- Feinkost Bachl, Roßtränke 13, 94032 Passau, www.bachl-feinkost.de
- ÖPNV: Linie 1–4 ab ZOB Bussteig 1 A, B Richtung ZF-Werk bzw. Hochstein, Haltestelle Nagelschmiedgasse

Skulpturen der Stille

25 Kunst und Kultur in Obernzell

Obernzell am linken Donauufer, 20 Kilometer östlich von Passau: Es ist der Tag vor Fronleichnam. Am Abend wird es ein Konzert im Schlossgarten geben, morgen die große Fronleichnamsprozession mit Blumenaltären vor der Pfarrkirche Maria Himmelfahrt und am Markt. Fronleichnam ist einer der höchsten Feiertage der Katholiken, zumal in einem Ort, der seit dem 15. Jahrhundert Sommerresidenz der Fürstbischöfe von Passau war. Ihr mächtiges Schloss stammt zwar aus der eleganten Renaissancezeit, wirkt mit seinem hohen Walmdach allerdings ein wenig wie ein Getreidespeicher. Heute beherbergt es ein sehr sehenswertes Keramikmuseum.

Doch das etwas verschlafene Residenzörtchen mit seinen 3800 Einwohnern ist noch aus einem anderen Grund einen Besuch wert. Seit 2017 gibt es hier einen Skulpturenweg der 2011 verstorbenen Passauer Künstlerin Renate König-Schalinski. 18 Kunstwerke stehen in ganz Obernzell verteilt, und alle haben ein gemeinsames Thema, das die Künstlerin einst so formulierte: „Es ist ein Bild in meinem Herzen, ungleich viel schöner als die Wirklichkeit jemals sein kann. Das Bild zeigt Vertrauen, Liebe, Geborgenheit.“ König-Schalinski, die auch für Papst Johannes Paul II. arbeitete, setzte viele religiöse Themen in Bronze, aber auch in Beton um. Deshalb passen ihre „Skulpturen der Stille“ so gut in die Sommerresidenz der Bischöfe.

TIPP

Mit der Autofähre ans rechte Donauufer übersetzen und das Kloster Engelhartszell besuchen.

Die bekannteste Skulptur trifft man am Rathaus, sie heißt „Das Miteinander“. Eine aufrecht stehende Figur hilft einer am Boden liegenden, wieder aufzustehen. Am ausdrucksvollsten sind jedoch drei Kunstwerke im Schlosspark mit den Namen „Der Zuhörende“, „Die Sinnende“ und „Der Zufriedene“. Die Künstlerin nannte sie auch die „Drei Tugenden“, was viel von ihrer Haltung zum Leben erzählt. Wer mehr über König-Schalinski wissen möchte: In Passau führt Tochter Daniela in der Großen Messergasse eine Galerie. Im Oberhaus steht ihr Werk „Ausschwitz“, am Europaplatz „Europa auf dem Stier“.

- „Skulpturen der Stille“, Skulpturenweg Obernzell, Schlossplatz 2, 94130 Obernzell
- ÖPNV: Linie 6101 ab Passau Hbf., Haltestelle Obernzell, Fähre

OBERNZELL
9. Mai 2015 bis 31. März 2017
Renate König-Schalinski
Das Miteinander
Leihgabe
Daniela Schalinski

Gegen die Donau antreten

26

Das „Haus am Strom"

Der Name „Haus am Strom" ist zweideutig. Zum einen liegt dieses Umweltinfozentrum direkt an der Donau und damit am zweitlängsten Strom Europas. Zum anderen aber wird hier tatsächlich Strom erzeugt, und das Kraftwerk Jochenstein zählt mit seinen 132 Megawatt zu den 15 größten Erzeugern von Wasserkraft in Deutschland. Und so kann man beim „Haus am Strom", 25 Kilometer östlich von Passau, zwei vollkommen unterschiedliche Welten kennenlernen.

Das zeigt sich zunächst an der Architektur. Denn beim Gang über die Staumauer, eine Möglichkeit, die es bei solchen Stromerzeugern im Übrigen nicht oft gibt, fühlt man sich schnell an nationalsozialistische Bauwerke wie das Berliner Olympiastadion oder das Reichsparteitagsgelände in Nürnberg erinnert. Ein Eindruck, der nicht trügt: Das Werk wurde in den 1950er-Jahren von Roderich Fick erbaut, lange einer der Lieblingsbaumeister Adolf Hitlers.

TIPP

Im nahen Gasthof Kornexl gibt es fangfrischen Donaufisch.

Das „Haus am Strom" stammt dagegen aus einer ganz anderen Zeit. Seine Form wurde den Donauwellen nachempfunden, erinnert aber auch an einen Fisch – welch Gegensatz zu den martialischen Bögen des Kraftwerks. Aufgabe der im Jahr 2000 entstandenen gemeinnützigen Einrichtung ist es, über die Ökologie der Donauregion zu informieren. Und dies tut sie auf sehr abwechslungsreiche Weise. So kann der Besucher seine Tretbootkräfte mit der Flussströmung messen, in die Entstehungsgeschichte des Stroms eintauchen, eine multimediale Schiffsreise unternehmen und natürlich auch alles über jenen Flussabschnitt erfahren, in dem er sich aufhält: das „Donauengtal", das sich bis zur Natursehenswürdigkeit Schlögener Schlinge hinzieht. Durch das Engtal mit seinen bis zu 500 Meter hohen Bergen führen viele Wanderwege, so zum Beispiel zum Rambach, wo Salamander und Eidechsen zu Hause sind. Für Kinder bietet das „Haus am Strom" zudem ein abwechslungsreiches Programm: Krimiwanderung, Fährtensuche oder eine Duftwerkstatt.

- „Haus am Strom", Am Kraftwerk 4, 94107 Untergriesbach www.hausamstrom.de
- ÖPNV: Linie 6101 ab Passau Hbf., Haltestelle Jochenstein, Kraftwerk

Geniale Idee am Badesee

27

mymuesli

Die Zahl wirkt unvorstellbar: 566.000.000.000.000.000 verschiedene Kombinationen lassen sich aus den 80 Zutaten von „mymuesli" zu einem ganz und gar individuellen Müsli kombinieren.
Angesichts dieser 566 Billiarden Müslis scheint es fast schon grotesk, dass die Geschichte von „mymuesli" mit einem Standard-Müsli anfing. Es war im Sommer 2005, als drei junge Passauer Studenten bei einer Ausflugsfahrt zu einem Badesee im Radio einen bekannten schwäbischen Müsli-Werbespot hörten und begannen, nicht länger über diesen schönen Sommertag, sondern über Müslis zu diskutieren: Warum muss es eine fertig abgepackte Müsli-Mischung sein? Jeder kennt das doch, dass man immer eine Zutat nicht mag! Wäre es nicht viel besser, wenn die Käufer ihr eigenes Müsli zusammenstellen könnten? Und dies nicht im Laden, sondern digital im Netz? Diese Gedanken bewegten die drei noch am Badesee.
Bei einer Umfrage unter Freunden stellte sich dann jedoch schnell heraus, dass keiner, wirklich keiner der Freunde sich vorstellen konnte, sein Müsli im Internet zu bestellen. Doch die drei ließen sich nicht von ihrer Idee abbringen, und am 3. Juli 2007, zwei Jahre nach dem Ausflug an den See, ging mymuesli.com online. Damals mischten die Jungunternehmer ihre Müslis noch per Hand in einem WG-Zimmer. Zehn Jahre später hatten sie mehrere renommierte Gründerpreise gewonnen, hatten 40 Läden in neun Ländern und beschäftigten 550 Mitarbeiter. Dann jedoch kam Corona, und die Müsli-Macher beschlossen, nur drei Geschäfte zu erhalten, darunter den ersten Laden in Passau!
Und so ein analoger Laden hat gegenüber dem Netz einen gewaltigen Vorteil: Denn Müslifans können verkosten, können sich vom Herbst-Müsli zur Figurfit-Mischung vorarbeiten. Ganz besonders beliebt ist in der Dreiflüssestadt das „Passau Müsli Hafer Crunchy", das in der bekannten runden Dose mit Stadt-Panorama angeboten wird und neben Erd- und Blaubeeren knackige Mandeln enthält.

TIPP

Im Laden gibt es neben coffee2go auch mymuesli2go.

- mymuesli, Theresienstraße 5, 94032 Passau
  www.mymuesli.com
- ÖPNV: 5 Minuten zu Fuß vom ZOB

mymuesli
mymuesli
BIO

Studieren mit Flussblick

28

Die Passauer Universität

Es ist eine der jüngsten Unis Deutschlands und eine der beliebtesten. Ja, manche bezeichnen den Campus der 1993 gegründeten Universität Passau sogar als den schönsten des Landes. Kein Wunder, liegen die Institute doch direkt am Inn – getrennt nur von einer großen Wiese, die die Studierenden gern zum Chillen, Grillen und Frisbeespielen nutzen. Als besonderes Vergnügen gilt es zudem, Eidechsen auf von der Sonne erwärmten Steinen zu beobachten.

Doch die Universität gilt auch als eine der besten weltweit. Im „Times-Higher-Education-Ranking" liegt sie unter den 250 besten, bei einer Einstufung „junger Universitäten" sogar auf Platz 22. Als angesehenste Studiengänge gelten im dialektgeprägten Niederbayern ausgerechnet Anglistik und Amerikanistik, aber auch BWL und Geografie. Einen besonderen Ruf genießen die Juristen, von denen es heißt, dass ihre betuchten Eltern sie aus München zum Studium in die Provinz schicken, damit sie mehr die Hörsäle und weniger die Kneipen aufsuchen. Einen Partyhotspot haben die Münchner in Passau natürlich dennoch gefunden: Es ist das „Frizz" in der nahen Dr.-Hans-Kapfinger-Straße. Allerdings geht es hier erst nach 3 Uhr morgens so richtig rund.

Ein ziemlicher Gegensatz zum Frizz ist das „Gmoa", die beschauliche Kneipe der katholischen Studentengemeinde im früheren Nikolakloster, einem der wenigen historischen Gebäude der Passauer Uni. Ansonsten wurde fast alles neu gebaut, darunter das IT-Zentrum, das aus Hochwasserschutzgründen in 9 Metern Höhe auf Stelzen steht und Wasser aus dem Inn zum Kühlen seiner Server nutzt.

Überhaupt spielen Inn und Donau im Leben der 12.000 Studierenden eine kaum zu überbietende Rolle. Das Sportzentrum hat ein Bootshaus mit Ruderbooten und Kanus. Am legendärsten sind die Bootspartys bei Sonnenuntergang. Sie sind, wie ein Student es formulierte: „der große Wettbewerbsvorteil Passaus".

TIPP

Die Mensa bietet mehrere vegetarische und vegane Gerichte an.

● Universität Passau, Innstraße 41, 94032 Passau
www.uni-passau.de

● ÖPNV: Linie 8, 9 ab ZOB Bussteig 3 Richtung Kohlbruck, Haltestelle Universität

Dem Wasser zusehen

29 Das Dreiflüsse-Eck von unten

Was an Passau erstaunt: Von West nach Ost wird es immer ländlicher. Im Gegensatz zu den Shopping-Malls der Neuen Mitte, dem Domberg mit seinen barocken Palais wirkt das Viertel Ort ganz am äußersten Stadtende überaus beschaulich. Ein wenig wie in einem österreichischen Provinzstädtchen kann man sich hier fühlen, still ist es und in den Straßen kaum ein Passant. Wer würde erwarten, dass nur wenige Schritte weiter eine Hauptsehenswürdigkeit Passaus liegt: das Dreiflüsse-Eck.

Tatsächlich präsentiert sich jener Ort, an dem Donau, Inn und Ilz zusammenfließen, wenig spektakulär. Von Magie ist am Rande einer etwas heruntergekommenen Grünanlage mit Spielplatz zunächst wenig zu spüren. Und eigentlich sieht man an der Ortsspitze auch nur zwei Flüsse. Die Ilz führte ihr Wasser bereits 100 Meter flussaufwärts in die Donau.

TIPP

Im Sommer findet am Eck das Eulenspiegel-Zeltfestival mit Biergarten statt.

Das Dreiflüsse-Eck ist so erfreulich „untouristisch" geblieben. Es gibt keine Souvenirstände und nicht einmal ein Café. Und genau hierin liegt der Vorteil, denn die Ruhe ermöglicht die Muße. An welch anderem Ort ließe sich besser Energie tanken als dort, wo sich zwei der bedeutendsten Flüsse Europas vereinigen.

Wer sich also die Zeit nimmt, sieht, wie der aus den Engadiner Alpen kommende Inn mit seiner ungeheuren Fließgeschwindigkeit von 738 Kubikmetern/Sekunde das Donauwasser geradezu verdrängt. Wissenschaftler haben daher immer wieder gefordert, die Donau müsse von nun an Inn heißen. Dann würde ein Alpenfluss ins Schwarze Meer münden. Andererseits scheint es die Donau auf ihrem Weg ostwärts nicht gerade eilig zu haben, schließlich hat sie von ihren Schwarzwald-Quellen schon 600 Kilometer hinter und bis zur Mündung noch die ungeheure Strecke von 2200 Kilometern vor sich.

Vielleicht sollte man es am Dreiflüsse-Eck daher so halten wie die Studierenden der nahen Theologischen Fakultät: die Picknickdecke ausbreiten und dem Wasser zusehen.

- Dreiflüsse-Eck, Ortsspitze, 94032 Passau
- ÖPNV: Citybus ab ZOB oder Hbf., Haltestelle Römerplatz

Feng-Shui und ein Alpenblick

30

Panoramagolf bei Fürstenzell

Am Anfang des ersten Feng-Shui-Golfplatzes in Deutschland stand ein Burn-out. Der Passauer Architekt Egon Krassler war daran erkrankt. Doch der damals 67-Jährige war auch passionierter Golfspieler und hatte eine Idee: „Das Golfspiel an sich hat eine sehr positive Wirkung auf Körper, Geist und Seele. Dieses kann durch energetische Einflüsse von Geomantie und Feng-Shui noch verstärkt werden", sagte er und steckte einen großen Teil seines Vermögens – man munkelt von knapp vier Millionen Euro – in den Aufbau des Panoramagolfplatzes bei Fürstenzell. 2009 wurde der rund 10 Kilometer südwestlich Passaus liegende Platz eröffnet, und die Spieler betreten ihn durch ein aus einheimischen Felssteinen errichtetes Tor. Tief ausatmen und den Alltag hinter sich lassen soll man beim Durchschreiten.

TIPP

Es gibt weitere schön gelegene Golfplätze im nahen Bad Griesbach.

Doch auch für all jene, die für Feng-Shui nicht so viel übrighaben, ist der Besuch des Platzes ein Erlebnis. Dies hängt in erster Linie mit seiner Lage zusammen. Weit schweift der Blick über die sanften Hügel, saftigen Wiesen und kleinen Dörfer mit ihren hohen Kirchtürmen zwischen Donau und Inn. Im Süden sind an vielen Tagen die Alpen und sogar der schneebedeckte Gipfel des 2995 Meter hohen Dachsteins zu sehen. Im Norden schließt der Bergkamm des Bayerischen Waldes den Panoramarundblick ab.

Das rund 800.000 Quadratmeter große Areal umfasst eine 18-Loch-Anlage sowie einen 6-Loch-Kurzplatz für Einsteiger. Für die Abschlagspunkte sollen besonders energiegeladene Orte ausgewählt worden sein, und um die Konzentration zu erhöhen, vergrub man an diesen Stellen Bergkristalle. Golfspieler sind voll des Lobes über den schwierig zu spielenden Parcours, kritisieren jedoch die manchmal zu feuchten Wiesen. Tatsächlich sind hohe Niederschläge typisch für die Region, daran kann selbst Feng-Shui nichts ändern. Und wer nicht Golf spielt, kann im Platz-Restaurant bei einem Menü der 5-Elemente-Küche das herrliche Panorama genießen.

- Panorama Golf Passau, Bromberg 1, 94081 Fürstenzell
  www.panorama-golf.info
- ÖPNV: Linie 6125 oder 6173 ab Passau Hbf. Richtung Fürstenzell, Haltestelle MVZ, danach 3 Kilometer zu Fuß

Käsebällchen mit Chili

31

Die Hofkäserei Haindl

Sie ist eine Ausnahme im Passauer Land: die Hofkäserei Haindl in Untereichet. Zwar wird in der hügeligen Landschaft mit ihren saftigen Wiesen bei Fürstenzell fast überall Milchwirtschaft betrieben, Käse stellen jedoch die wenigsten Bauern her. Und schon gar keinen Rohmilchkäse, bei der die Milch nicht pasteurisiert wird und so ihren vollen Geschmack behält. Kein Wunder, dass die besten Käse wie etwa Appenzeller oder Camembert Rohmilchkäse sind.

Und genau für die Herstellung dieser Art von Käse haben sich Gabi und Alois Huber entschieden. Ihren Hof mit seinen 75 Kühen bewirtschaften sie bereits in der fünften Generation. Gabi Huber, die sich das Käsen selbst beigebracht hat, sagt: „Unser Ziel war es, den Hof nicht immer weiter zu vergrößern. Sondern wir wollten etwas Besonderes machen, etwas besonders Gutes."

TIPP

Im Laden gibt es auch Produkte benachbarter Produzenten wie Nudeln, Geräuchertes, Marmelade oder Wein.

Und dies Besondere schätzen die Kunden. An den Verkaufstagen Freitag und Samstag bilden sich oft Schlangen vor dem Hofladen. Heute kann man bei den Hubers Hartkäse und halbfesten Schnittkäse, Weich- und Frischkäse, Joghurt, Quark, Butter und natürlich die Milch kaufen. Auch in vielen Regionaltheken der Supermärkte bis hinauf in den Bayerischen Wald sind die Produkte zu finden. Besonders beliebt ist der „Große Haindl", der bis zu sechs Monaten reift und so würzig schmeckt, dass man sich an einen Bergkäse aus den Alpen erinnert fühlt.

Beliebt sind bei den Kunden zudem die Frischkäsebällchen, die es unter anderem in den Variationen Schwarzer Pfeffer, Kräuterpfeffer oder Chili-Feuer gibt und die auf der Zunge eine angenehme Schärfe erzeugen. Überhaupt arbeitet man gern mit Gewürzen, die meist aus dem eigenen Garten kommen. So gibt es auch den Weichkäse in neun Varianten. Das Angebot ist so vielfältig, dass die Entscheidung schwerfällt. Doch der Haindlhof, der idyllischer kaum liegen könnte, ist einen zweiten Besuch wert.

- Hofkäserei Haindl, Untereichet 2, 94081 Fürstenzell
  www.hofkaeserei-haindl.de
- ÖPNV: Bus 6125 oder 6173 ab Passau Hbf. Richtung Fürstenzell, Haltestelle MVZ, danach 3 Kilometer zu Fuß

Zeitreise ins Mittelalter

32

Die Krypta von St. Nikola

Was ist das Faszinierende an einer Krypta? Was lässt Menschen still werden, wenn sie in einen solchen Grabraum hinabsteigen? Nein, die Gräber sind es nicht, denn diese sind meist gar nicht zu sehen. Könnte es vielmehr das Gefühl sein, eine Zeitreise zu unternehmen? Zurück zu den Anfängen der Christenheit, als die Anhänger Jesu aus Furcht vor Verfolgung sich noch in Höhlen trafen? So bedeutet das griechische Wort Krypta nicht nur Gewölbe, sondern auch verborgen und geheim. Eine solche Reise können Besucher im Augustinerkloster St. Nikola am Rande der Altstadt machen. Durchschritten sie gerade noch eine von Sonnenlicht durchflutete Kirche aus dem frühen 18. Jahrhundert, treten sie eine Treppe tiefer in das 11. Jahrhundert ein. Und ihre Augen müssen sich erst einmal an die Dunkelheit des kleinen Raums gewöhnen. Dann jedoch finden sie sich in einer der ältesten Gruften Bayerns wieder, wohl um 1075 wurde sie gemauert. Manchmal freilich dringt die Sonne auch in die Krypta. Dann, wenn sie an einem Frühlingsmorgen noch tief steht und die zentrale Rundsäule mit ihren Strahlen überzieht: „Lobet den Herrn Bruder Sonne, welcher der Tag ist, durch den Du uns leuchtest" schrieb Franz von Assisi in seinem Sonnengesang.

TIPP

Die Kalkstein-Madonna von 1430 zieht bis heute Pilger in die Krypta.

Die sonnenbeschienene Rundsäule trägt mit ihrem Blätterkapitell das Gewölbe der Krypta so sicher, dass diese das Erdbeben von 1348 überstand, welches die Kirche selbst zerstörte. Die Reste der Fresken in der Gruft wurden erst bei einer Restaurierung entdeckt, sie stammen wohl aus dem 14. Jahrhundert. Überhaupt ist die Geschichte der Krypta eine abenteuerliche. Da das Kloster mit der Säkularisation 1803 aufgehoben wurde, geriet sie in Vergessenheit. Erst 1867 entdeckte ein hier stationierter Soldat einen Eingang und kroch durch diesen hinein. Heute dient St. Nikola als Universitätskirche, und in der Krypta finden Veranstaltungen wie „Believe und Pray" mit dem Passauer Bischof statt.

● Universitätskirche St. Nikola, Kleiner Exerzierplatz 15, 94032 Passau
● ÖPNV: direkt beim ZOB Passau

Shoppen und chillen

33 Passaus Neue Mitte

Manchmal erfährt man Glück erst auf den zweiten Blick. In diesem Fall ist es der von oben – aus der Café Lounge Diwan im neunten Stock des Passauer Stadtturmes, dem höchsten Haus der Neuen Mitte. Denn einen schöneren und zugleich genussvolleren Blick auf ein städtisches Panorama kann es kaum geben. Im Zentrum der Dom mit seinen grünen Hauben, rechts der Inn und links die Bischofsburg Oberhaus. Über den Dächern der Stadt kann man zudem auch noch die Bistro-Küche genießen, ausgezeichnet mit einem Gastro-Gold-Europa. Viel mehr Positives lässt sich allerdings nicht sagen über diese Neue Mitte, für die keiner drastischere Worte fand als der einheimische Kabarettist Sigi Zimmerschied: „Passau ist eine vergewaltigte Stadt. Hässliche Narben wurden ihr zugefügt, wie die sogenannte Neue Mitte, eine zur Kaufmeile aufgeblähte Menschengarage aus Glas, Beton und schlechtem Geschmack.“

TIPP

Im Diwan gibt es Kuchen der Konditorei Greindl (siehe Seite 144).

Was also hat es mit der Neuen Mitte auf sich? Nachdem die traditionelle Nibelungenhalle nicht länger benötigt und daher abgerissen wurde, lag zur Jahrtausendwende zwischen Altstadt und Hauptbahnhof ein riesiges Areal brach. Mit der Neugestaltung wurde der Wiener Konzeptkünstler André Heller beauftragt, der eine „grüne Kultur-Oase im Herzen Europas“ verwirklichen wollte. Doch auf die Begeisterung der Bürger folgte schnell die Kritik der städtischen Bürokratie. Nicht umzusetzen sei Hellers Plan, hieß es plötzlich, und eine Zeitung schrieb von einem „architektonischen Furunkel“.
Anstelle einer Kultur- und Einkaufslandschaft rund um einen grünen Park entstanden nun Shopping- und Bürozentren rund um einen Busbahnhof. Grün ist die Neue Mitte zwar dennoch, doch nur wegen der beim Bau verwendeten grünen Steinplatten aus Gneis. Inzwischen freilich haben viele Passauer ihre Neue Mitte angenommen, vor allem wegen des zweimal in der Woche stattfindenden Wochenmarkts (siehe Seite 48).

- Neue Mitte Passau, Nibelungenplatz, 94032 Passau
- ÖPNV: direkt beim ZOB

Fast wie in Wien

34

Die Vinothek Stift Klosterneuburg

Nicht nur in bayerischen Biergärten, sondern auch in österreichischen Buschenschenken gibt es einen Brauch, der viel von der Freude am Genuss erzählt. Die Weinliebhaber bestellen vor Ort, direkt beim Winzer also, den Wein. Ihre Jause bringen sie jedoch von ihrem Lieblingsbäcker und ihrem Lieblingsmetzger selbst mit.

Wie schön ist es, dass genau dieser Brauch auch in Passau gepflegt wird: in einer Vinothek gleich am Beginn der Fußgängerzone. Wobei die Genussmöglichkeiten hier in der Brunngasse noch viel größer sind als etwa in einem Wiener Heurigen-Lokal. Denn die Weine, die ausgeschenkt werden, stammen nicht nur von einem, sondern von einigen der besten österreichischen Winzer: von FX Pichler, Pöckl oder Hirtzberger. Im Mittelpunkt des Angebots stehen jedoch die Erzeugnisse des Stifts Klosterneuburg. Unweit von Wien gelegen gehört das Weingut mit seinen 100 Hektar zu den größten Österreichs. 1114 gegründet ist es zudem das älteste des Nachbarlandes.

Ebenso wie die nur wenige Schritte entfernt liegende Heilig-Geist-Stiftschenke ist die Vinothek ein Rückzugsort inmitten der belebten Altstadt. Stundenlang sitzen manche Gäste hier zusammen, um zu ratschen und natürlich auch um ein Glas nach dem anderen zu „verkosten“, wie man in Österreich sagt.

Zu den ganz besonderen Angeboten der Vinothek gehört zum Beispiel der „Wiener Gemischte Satz“, ein spritziger „Zechwein“, der von uralten Weinbergen stammt, auf denen mehrere, oft vom Aussterben bedrohte Rebsorten bunt durcheinanderwachsen – daher der Name. Eine andere Spezialität, die man freilich in Deutschland kaum kennt, ist der Zierfandler-Rotgipfler aus dem Wiener Heurigen-Ort Gumpoldskirchen. Auch wenn der Name etwas anderes sagt, handelt es sich um einen Weißwein, der nach Maracuja und Birne duftet und fast vergessen war. Inzwischen feierte er nicht nur in der Vinothek sein Comeback.

TIPP

Ein geistreiches Mitbringsel ist der Marillenbrand aus dem Donautal.

● Vinothek Stift Kloster Neuburg, Brunngasse 1, 94032 Passau
www.vinothek-stift-klosterneuburg.de
● ÖPNV: 3 Minuten zu Fuß vom ZOB

KISS
grassl

Wo eine Königin begraben liegt

35

Kloster Niedernburg

Es ist einer der rätselhaftesten und ältesten Orte der Stadt: das Benediktinerinnenkloster Niedernburg, bereits um 730 gegründet. Unweit des populären Dreiflüsse-Ecks gelegen, entdecken die Touristen eher zufällig die Kirche mit ihren markanten Doppeltürmen. Und wenn sie dann den dreischiffigen Bau durchschreiten, werden sie nicht so sehr von seiner Mischung aus Romanik und Frühgotik, sondern vielmehr von Fahnen und frischen Blumen in Rot-Weiß-Grün angezogen. Es sind die Farben Ungarns, denn in der Niedernburg liegt die 1060 verstorbene ungarische Königin Gisela begraben. Ja, sie war nicht einfach nur eine ungarische Königin, sondern die erste christliche Herrscherin über das Reich Attilas überhaupt. Wie aber kam sie nach Passau?
Die 985 geborene Gisela war die Schwester Kaiser Heinrichs II., den man den „Frommen" nannte. Mit nur zehn Jahren heiratete sie den zehn Jahre älteren künftigen König von Ungarn, Stephan. Dies war ein Ereignis von europaweiter Bedeutung, denn es trug maßgeblich zur Christianisierung eines Reitervolks bei, das ein Jahrhundert lang Raubzüge gegen seine Nachbarn geführt hatte.

TIPP
In der Konditorei Simon (siehe Seite 12) gibt es ein „Gisela Mandelszelet".

Doch Stephan starb bereits 1038, und die heidnische Partei am Königshof ließ Gisela gefangen nehmen. Vier Jahre später befreit, kehrte sie zurück nach Bayern und wurde Äbtissin des Klosters Niedernburg. Bis heute kommen Ungarn nach Passau, um ihrer ersten Königin zu gedenken – daher die frischen Blumen. Damit ist aber noch nicht alles erzählt. Vielmehr gehen Wissenschaftler davon aus, dass Gisela das Vorbild für Kriemhild aus dem Nibelungenlied war, die ja ebenfalls einen heidnischen Ungarn heiratete. Und dann gibt es noch die feministische Theorie, dass das deutsche Nationalepos nicht etwa von einem Mann, sondern von einer Nonne der Niedernburg geschrieben wurde. Es sind viele Gedanken, die einem am Grab Giselas durch den Kopf gehen.

- Klosterkirche Niedernburg, Jesuitengasse 3, 94032 Passau
- ÖPNV: Citybus ab Hbf. oder ZOB, Haltestelle Römerplatz

Schulstube mit Gefängnis

36

Museumsdorf Bayerischer Wald

Am eindrucksvollsten ist der Blick von der kleinen Anhöhe beim Gasthaus Mühlhiasl: Ein mit Stroh und Schindeln gedecktes Haus drängt sich an das nächste, ganz so als wollten sie sich Wärme geben in den langen Wintertagen des Bayerischen Waldes. „Dreivierteljahr Winter, Vierteljahr kalt", so lautet eine alte Volksweisheit, und um die Häuser vor den gewaltigen Schneemassen zu schützen, wurden die Walmdächer weit über die hölzernen Balkone hinausgezogen.

Wer mehr über das schwere Leben im „Woid" wissen möchte, der ist im Museumsdorf bei Tittling, 20 Kilometer nördlich von Passau, genau richtig. 150 Bauten, vom Backhäusl über Getreidekästen bis hin zu einem mächtigen Vierseithof, ließ Unternehmer Georg Höltl seit den 1970er-Jahren vor dem Verfall retten, ebenso wie rund 60.000 Objekte „Inventar": Essbänke mit Herrgottswinkel, Kinderwägen, Webstühle, um nur einige zu nennen. Von Ostern bis in den Oktober hinein finden im Museumsdorf auch Handwerksvorführungen statt.

TIPP

Das Museum liegt im Dreiburgenland mit seinen Burgen, einem See und zahlreichen Wanderwegen.

Eines der ungewöhnlichsten Häuser ist die älteste erhaltene Volksschule Deutschlands. 1666 wurde sie erbaut, und hier befanden sich nicht nur das Schulstüberl und die Wohnung des Schulmeisters, sondern auch das Gefängnis. Nur durch schmale Schlitze konnten die Gefangenen hinaussehen. Das zweistöckige Haus ist typisch für die Region: Das Erdgeschoss wurde aus Steinen gebaut, um sich gegen die Nässe zu schützen. Für die oberen Geschosse aber verwendete man das reichlich vorhandene Holz.

Ein wahrer Glücksort nicht nur für Kinder ist die Kegelbahn des Gasthauses. 150 Jahre ist sie alt und ebenfalls aus Holz: die schönen, handgeschnitzten Kegel, die Kugeln und die im Laufe der Zeit schon etwas holprig gewordene Wurfbahn. Und wenn die Bahn einmal belegt ist, können die Kinder sich im Museumsshop das Wurfspiel Prackln leihen. Dabei werden Eisenblättchen – lateinisch bractea – auf ein vorher bestimmtes Ziel geworfen, und wer diesem am nächsten kommt, hat gewonnen.

- Museumsdorf Bayerischer Wald, Am Dreiburgensee, 94104 Tittling
  www.museumsdorf.com
- ÖPNV: Linie 6124 ab Passau Hbf., Haltestelle Tittling Marktplatz

Eine Kämpferin aus dem Woid

37

Emerenz Meier in Passau und Chicago

Sie war eine Dichterin, die die Schönheiten des Bayerischen Waldes pries. Sie war aber auch eine Feministin, die um kraftvolle Worte nicht verlegen war: „Nichts ekelhafter doch als ein verliebter Mann, bei dessen Werben man nichts fühlen kann als höchstes Mitleid. Ein Hündchen dünkt er mir": Emerenz Meier, 1874 in Schiefweg geboren und 1928 im Alter von nur 53 Jahren in Chicago gestorben.

Im Passauer Land gibt es zwei Orte, an denen man sich mit der wichtigsten Schriftstellerin der Region auseinandersetzen kann. In ihrem Heimatort Schiefweg, knapp 30 Kilometer nördlich der Dreiflüssestadt, steht bis heute der Familiengasthof, in dem sie geboren wurde. Nachdem Meier zu Beginn des 21. Jahrhunderts wiederentdeckt wurde und der Münchner Regisseur Jo Baier gleich zwei Spielfilme über sie drehte, machte man es zu einem Gasthaus-Museum mit der Ausstellung „Born in Schiefweg". In Passau selbst steht seit 2008 kurz vor dem Dreiflüsse-Eck ein Bronzedenkmal für die „narrische Verslmacherin", wie sie einst verspottet wurde.

Was aber fasziniert an Emerenz Meier heute? Vielleicht ist es die Tatsache, dass sie eigentlich nie Glück hatte, sie immer kämpfen musste. Sei es als Tochter eines Patriarchen, der nicht selten auch gewalttätig wurde. Sei es als Ehefrau eines Alkoholikers, der schon früh starb. Sei es als „Landei", das nur schwer Zugang zur literarischen Szene Passaus fand. Selbst einer ihrer größten Bewunderer, der Schriftsteller Hans Carossa, konstatierte leicht resigniert die „Verbitterung des Freigeistes". Und auch in den USA, wohin Meier um die Jahrhundertwende wie so viele Woidler auswanderte, um ihr Glück zu finden, war sie wenig erfolgreich und sehnte sich nach dem Bayerischen Wald zurück. Warum dies so war, wird nicht zuletzt in ihrem Geburtshaus deutlich. Mit viel Liebe wurde es renoviert und ist nun wieder ein ursprüngliches Bayerwaldhaus, in dessen schönster Stube heute auch geheiratet werden kann: „Married in Schiefweg" lautet das Motto.

TIPP

Die Werke von Emerenz Meier kann man in Antiquariaten und natürlich im Internet finden.

- Wirtshaus zur Emerenz, Dorfplatz 9, 94065 Waldkirchen www.wirtshaus-zur-emerenz.de
- ÖPNV: Linie 100 ab Passau Hbf., Haltestelle Schiefweg

In Trance wiegen lassen

38

Der Wackelstein bei Loh

Ganz emotionslos betrachtet ist der Wackelstein ein 50 Tonnen schwerer Granitblock. Mit seiner 4 Meter langen Ober- und einer etwas kürzeren gewölbten Unterseite ruht er auf einer flachen Felsplatte. Und da er nur an wenigen Punkten diese Platte berührt, kann ihn eine einzelne Person mit wenig Mühe zum Wackeln bringen – daher der Name. Der Wackelstein im Vorderen Bayerischen Wald, rund 30 Kilometer nördlich von Passau, gilt als eines der bedeutendsten Naturdenkmäler der Region. Entstanden ist er durch Verwitterung seit der Karbonzeit vor 300 Millionen Jahren. Durch einen natürlichen Prozess also.

Ganz anderer Meinung ist da die Anthropologin Heide Göttner-Abendroth. Sie vertritt die Ansicht, dass der Stein zumindest zum Teil von Menschen geformt wurde. Ziel sei es gewesen, eine große Wiege zu schaffen, damit man sich auf den Stein legen und in Trance wiegen lassen könne. Daher handle es sich um einen Kultstein, wenngleich bisher unklar sei, zu welchen Zeremonien er gedient haben könnte. Tatsächlich finden sich Wackelsteine in vielen Ländern weltweit und werden dort als mystische Orte verehrt. Untersucht hat die Wissenschaftlerin auch das „Steinerne Kirchlein", 2 Kilometer weiter südlich. Hier vertritt sie die Ansicht, dass es sich bei der halbkreisförmigen Anordnung von Steintürmchen an einem Südosthang um ein Sonnenobservatorium der Jungsteinzeit gehandelt haben könnte.

Wie auch immer, sicher ist, dass man sich auf den Wiesen nahe des Wackelsteins vom Bemühen, den Stein ins Wanken zu bringen, wunderbar erholen kann. Allein der Blick auf die Gipfel des Bayerischen Waldes lässt einen träumen. Zahlreiche Rundwanderwege führen hierher, so der 4 Kilometer lange Wackelstein-Steig Nr. 84 von Entschenreuth. Etwas länger und fordernder ist der Weg Nr. 61 von Thurmansbang. Auf den 11 Kilometern müssen 429 Höhenmeter überwunden werden.

TIPP

5 Minuten vom Wackelstein entfernt liegt der 12 Meter lange „Raumschiff-Felsen".

● Naturdenkmal Wackelstein, 94169 Thurmansbang, 150 Meter nach dem Ortsende von Loh dem Hinweis „Wackelstein" folgen

Würstel vom Hotel Sacher

39

Anton Kaffeehaus & Weinbar

Der Beginn einer Liebesgeschichte zum Anton's könnte etwa so aussehen: Nach einem weihnachtlichen Orgelkonzert im eiskalten Dom kommt man auf dem Weg hinab in die Altstadt an ein paar schmalen Fenstern vorbei, hinter denen warmes Licht leuchtet. Rote Lederbänke sind zu sehen, und ein Kachelofen ist zu erahnen. Und neben der Tür künden Schiefertafeln vom heutigen Angebot: heiße Schokolade! Selbst gemachte Kuchen!

Das Kaffeehaus Anton, das den Namen nach seinem Besitzer Anton Aschenbrenner trägt, ist in den vergangenen Jahren zu einem Salon Passaus geworden. Zu einem Wiener Salon, denn der gelernte Kirchenschreiner liebt das Österreichische: „Viele Lebensmittel haben einfach eine bessere Qualität", sagt er. Und so kommt der Käse für seine allseits vergötterten Frühstücksetageren aus Tirol und der Schinken aus dem nahen Oberösterreich. Nicht zu übersehen ist angesichts des feinen Teeservices auch ein englischer Einschlag: „Nach meinen Jahren in einem Coffeeshop wollte ich an einem Ort arbeiten, an dem man sich Zeit nimmt." Zeit zum Genießen ist damit gemeint, und so sprechen viele Gäste von einer „absoluten Oase der Gemütlichkeit".

TIPP

Im Sommer hausgemachte Limonade im grünen Innenhof bestellen.

Man kann im Anton nicht nur ein klassisches „Frühstück-Imperial" genießen, sondern auch ein veganes mit gebratenem Gemüse und selbst gemachtem Hummus. Und für all jene, die das Wienerische lieben, gibt es ein Gabelfrühstück, wie die Österreicher diese Zwischenmahlzeit am Vormittag nennen: Würstel mit Senf und Kren. „Jedes Hotel in Wien hat seine eigenen Würstel, und unsere kommen aus dem Sacher", erzählt Anton Aschenbrenner, und ein kleines bisschen Stolz ist ihm anzumerken. Fragt man ihn schließlich danach, was ein Kaffeehaus & Weinbarbesitzer in seinem Café am liebsten bestellt, kommt die Antwort prompt: „Einen Espresso macchiato zusammen mit einem Achtel Grünem Veltliner aus der Wachau."

- Anton Kaffeehaus & Weinbar, Luragogasse 1, 94032 Passau
www.cafe-anton.de
- ÖPNV: Citybus ab ZOB oder Hbf., Haltestelle Domplatz

Fast wie in Florenz

40 Das Drucklädchen

Eigentlich, so liest man ja häufig, schreiben Jugendliche immer weniger und wenn, dann nur auf WhatsApp. Doch Heidi Freyberger, Besitzerin des Drucklädchens im Steinweg, sieht das anders: „Ich habe das Gefühl, dass wieder mehr geschrieben wird, gerade von jungen Leuten", sagt sie und verweist auf ihre eindrucksvolle Sammlung von Kalligraphie-Sets, jedes von ihnen mit Federkiel, Tintenfass und gleich mehreren Federn.

Doch im Drucklädchen gibt es – wie der Name schon sagt – nicht nur Federn, sondern auch das zum Schreiben nötige Papier, gebunden zu Tagebüchern, Kladden und Fotoalben mit den mannigfaltigsten Mustern. Solche Liebhaberstücke für ihre Kunden auf Wunsch zu fertigen, das ist Anja Freybergers Beruf. Erlernt hat sie ihn bei ihrem Restauratoren-Studium in Florenz, seit Jahrhunderten Europas Zentrum für Papierdruck. Handgeschöpftes Papier mit uralten Motiven, die aus der florentinischen Buchmalerei entnommen wurden, bilden das Herzstück des Freyberger'schen Angebots.

TIPP

Im Nebenraum befindet sich die Werkstatt von Anja Freyberger.

Inzwischen führen Heidi und ihre Tochter Anja seit rund vier Jahrzehnten das Drucklädchen, und der Name ist kein Zufall: Etwa so groß wie ein Wohnzimmer ist es und befindet sich in einem Haus, das so alt ist wie kaum ein anderes im Dombezirk. Doch so unscheinbar das Lädchen von außen ist, so bekannt ist es. Und dies nicht nur in Passau. In ganz Europa und selbst in den USA haben die Freybergers Kunden. Manche kommen, um sich hier ihren Jahresvorrat an Papier zu kaufen – denn Qualität und Preis sind unschlagbar. Andere, um nach einem Geschenk zu suchen, das sie nur hier bekommen können. Denn im Drucklädchen bieten auch regionale Künstler exklusiv ihre Werke an, seien es Aquarelle oder Kupferstiche.

Und so ist das Drucklädchen ein Ort, in der die Fülle einer Handwerkskunst die Menschen glücklich macht. Was auch für Mutter und Tochter Freyberger gilt, für die ihr Laden viel mehr als nur Arbeit ist.

- Freyberger Drucklädchen, Steinweg 18, 94032 Passau, Tel. 08 51/3 48 05
- ÖPNV: Citybus ab ZOB oder Hbf., Haltestelle Domplatz

Studieren wie die Jesuiten

41

Die Staatliche Bibliothek Passau

Ein weiter Raum, umgeben von zweistöckigen Arkaden wie in einem Renaissanceschloss, und dies alles unter einem gläsernen Dach, durch das das Blau des Himmels dringt. So sieht der Lesesaal der Staatlichen Bibliothek aus. Einen heitereren Ort für das Studium gedankenschwerer Wälzer kann man sich eigentlich kaum vorstellen. Einst befand sich hier das „Alumnat", das Internat der 1611 in die Stadt gekommenen Jesuiten. Diese wandelten mit ihren Handschriften damals freilich noch unter einem gänzlich offenen Himmel. Ein Glasdach entstand erst in den 1970er-Jahren, das dann 2018 durch eine gewagte Stahl-Glas-Konstruktion ersetzt wurde. Wie die Wellen eines Meeres wölbt es sich über den 19 Meter langen und 11 Meter breiten Saal.

Den Bestand der Bibliothek, der rund 360.000 „Medieneinheiten" umfasst, kann jeder nutzen. Notwendig ist eine Benutzerkarte, die man gegen Vorlage eines Personalausweises erhält. Seit 1987 ist die „Stabi" Pflichtexemplar-Bibliothek für Niederbayern und verfügt so über eine kaum zu überbietende Vielfalt an Büchern über die Region. Hinzu kommen Hunderte von jesuitischen Handschriften und Drucken, die nach der Auflösung des Ordens 1773 an die Staatsbibliothek fielen. Prunkstück der Sammlung ist die Formbacher Bibel von 1421. Sie ist so wertvoll, dass man sie nur im Internet ansehen kann.

Gleich gegenüber der „Stabi" lohnen zwei weitere Einrichtungen der Jesuiten einen Besuch: der aus der Zeit des Rokokos stammende Stucksaal, der ebenso wie seine mit Intarsien geschmückten Bücherschränke nahezu im Originalzustand erhalten blieb, und die „Wunderkammer", eine erst 2015 zusammengestellte Ausstellung von historischen Tierpräparaten aus einst fernen Welten. Darunter ein Krokodil und eine Riesenkrabbe, die die Jesuiten von ihren Missionsreisen aus Afrika und Asien mitbrachten.

TIPP

Ganz nahe liegt das indische Restaurant Chandni, das arme, begabte Kinder unterstützt.

- Staatliche Bibliothek Passau, Michaeligasse 11, 94032 Passau
www.staatliche-bibliothek-passau.de
- ÖPNV: Citybus ab ZOB oder Hbf., Haltestelle Römerplatz

Heilende Wasser

42

Das Bäderdreieck

Ein 100 Meter langer Bach, der seine Fließgeschwindigkeit ständig ändert. Eine Lagune mit einem Salzgehalt, der fast halb so hoch ist wie im Toten Meer, dafür aber eine Temperatur von 35 Grad Celsius hat. Eine Regensauna, in der mehrmals täglich ein Sommergewitter niedergeht. All dies sind nur ein paar der Attraktionen der Rottal-Therme von Bad Birnbach. Doch Birnbach ist lediglich einer von gleich drei Kurorten im Tal des kleinen Flüsschens Rott rund 40 Kilometer südlich von Passau. Hinzu kommen die drei Thermen von Bad Füssing nahe der österreichischen Grenze und die Wohlfühltherme von Bad Griesbach. Als Rottaler Bäderdreieck sind sie weit über die Region hinaus bekannt.

Das heiße Thermalwasser stammt aus einer rund 1000 Meter tief liegenden Quelle, die erst Ende der 1930er-Jahre nahe Füssing entdeckt wurde. Zunächst war ihre Verwendung verboten, da man den nahen Kurorten Karlsbad und Marienbad im damals zum Deutschen Reich gehörenden Sudetenland keine Konkurrenz machen wollte. So entwickelte sich erst ab 1955 ein Kurtourismus in Bad Füssing, welches inzwischen jedes Jahr rund 300.000 Gäste begrüßt. Das Wasser dient dank seines Schwefel-, Natrium-, Calcium- und Chloridgehalts zur Behandlung von Bewegungskrankheiten. Über 80 Prozent der Besucher sind jedoch gar keine klassischen Kurgäste, sondern vor allem an Wellness interessiert. Davon zeugt nicht zuletzt die hohe Zahl an Golfplätzen ringsum, so bietet Bad Griesbach das größte zusammenhängende Golf-Resort ganz Europas.

TIPP

In den Kurorten treten regelmäßig bekannte Musiker und Kabarettisten Bayerns auf.

Wegen seiner sanften Hügellandschaft nennt man das Rottal auch „Bayerische Toskana“, wobei sich vor allem Bad Birnbach seinen ländlichen Charakter bewahrt hat. Zum Beispiel kann man im Hofgut Hafnerleiten in einem Boots- oder einem Baumhaus übernachten. Näher an der Natur zu sein geht wohl kaum. Nach dem Eintauchen ins warme Wasser warten auch hier Glücksgefühle en masse.

- Niederbayerisches Bäderdreieck, 84364 Bad Birnbach, 94072 Bad Füssing und 94086 Bad Griesbach, www.baederdreieck.net
- ÖPNV: ab Passau Hbf. Linie 6125 nach Bad Griesbach, 6106 nach Bad Füssing, Regionalzug RB 46 nach Bad Birnbach

Evangelische Obstbäume

43

Der Reformationsweg von Ortenburg

Ortenburg ist eine Marktgemeinde mit 7500 Einwohnern 20 Kilometer westlich von Passau, was erst einmal nichts Besonderes ist. Und doch war Ortenburg lange so etwas wie ein kleines gallisches Dorf inmitten von feindlichen Römerlagern. Oder konkret gesagt: eine evangelische Insel im ansonsten katholischen Niederbayern. Ab dem 16. Jahrhundert flüchteten nicht nur aus Bayern, sondern auch aus dem nahen Österreich Protestanten nach Ortenburg, um hier Freiheit und Glück zu finden.

Am Anfang dieser Geschichte steht Graf Joachim von Ortenburg, der sich trotz allem Druck aus München und Rom weigert, wieder katholisch zu werden. 1563 erklärt er, nur noch dem Kaiser untertan zu sein, und gewährt seinen Ortenburgern Religionsfreiheit. Sein damals erbautes Renaissance-Schloss steht bis heute unverändert über Ortenburg und ist die Kulisse für die jährlichen Ritterspiele. Besonders sehenswert: der Rittersaal mit seiner bemalten Kassettendecke und der Wildpark.

TIPP

Im Arkadenhof des Schlosses finden stimmungsvolle Konzerte statt.

Das Schloss bildet eine der Stationen des 4 Kilometer langen „Reformationsweges“, dank seiner Ausblicke sowie wegen der uralten Holzhäuser einer der schönsten und informativsten Wanderwege der Region. Die Obstbäume von Hinterhainberg, so eine Infotafel, gäbe es nicht ohne die österreichischen Migranten, die diese Tradition aus ihrer Heimat mitbrachten. Bis heute leben einige ihrer Nachfahren hier.

Startpunkt des Weges ist die Marktkirche mit ihrem charakteristischen Zwiebelturm, in der Graf Joachim und seine Nachfahren beerdigt wurden. Ein steiler Anstieg führt vorbei an der katholischen Pfarrkirche hinauf zum Schloss, hinter dem das stille Luisental einen Abstecher wert ist. Von Ferne sind immer wieder die Glocken der beiden Kirchen zu hören. Inzwischen haben sich die Gallier mit den Römern versöhnt, auch wenn dies bis ins 19. Jahrhundert dauerte.

- Schloss Ortenburg, Vorderschloss 1, 94496 Ortenburg
  www.schloss-ortenburg.de
- ÖPNV: Linie 6125 ab Passau Hbf. Richtung Ortenburg, Haltestelle Metzgerei Kriegl

Ein Kälteraum und ein König

44

Das Oberhausmuseum

Schon gleich zu Anfang des Besuchs gilt es, eine Schiebetür zu öffnen und sie auf Anordnung auch sofort wieder zu schließen. Danach findet der Besucher sich in einem Raum wieder, in dem es stockdunkel ist. „Oh, ist hier das Licht ausgefallen?" Diese Frage kommt einem sofort in den Sinn. Doch unmittelbar danach ist schon die Kälte zu spüren, die einen mehr und mehr umfängt. Und man registriert, dass ein kleines Bleiglasfenster die einzige Lichtquelle in diesem Raum ist. Viel besser hätten es die Macher der Ausstellung auf der Veste Oberhaus nicht präsentieren können: Genau so fühlte sich der Winter im Mittelalter auf einer Burg an, dunkel und kalt.

Überhaupt ist das Museum auf der alten Festung der Passauer Bischöfe eines der abwechslungsreichsten der Region – und nebenbei lernt man auch noch die Burg selbst kennen (siehe Seite 44). Im „Irdischen Leben" kann der Besucher vergleichen, was der Bau eines Wohnturmes um 1400 und was er heute kostet. Im „Himmlischen Sterben" erfährt er, was die Wallfahrten früherer Zeiten mit modernen Massenpsychosen zu tun haben. Zudem wurde hier eine hochwertige Sammlung von Flügelaltären aus der Renaissance zusammengetragen, am interessantesten vielleicht eine Anbetung Marias durch die Heiligen Drei Könige. Das um 1500 datierte Hochrelief zeigt den schwarzen Melchior mit Schwert und römischer Uniform – er ist der stolzeste der drei Könige und steht in dem Relief über ihnen.

Außerdem gibt es auf der Veste ein Böhmerwald- und ein Feuerwehrmuseum, eine historische Apotheke aus dem 17. Jahrhundert, eine Ausstellung von Rokokoporzellan und schließlich eine, die sich den Passauer Handwerkern widmet. Fast schon vergessene Zunftzeichen sind zu sehen: die Brezel der Bäcker und die Schiffchen der Weber. Ein nahezu einmaliges Objekt ist ein Drehtisch zum Wachsziehen, um Kerzen für die Armen herzustellen. In ihren kleinen Stuben war es häufig wärmer als hinter den dicken Mauern der Burg.

TIPP

Der ehemalige Salzhändlerweg „Goldener Steig" führt vom Oberhaus in den Böhmerwald.

● Oberhausmuseum, Oberhaus 125, 94034 Passau
www.oberhausmuseum.de
● ÖPNV: Shuttlebus vom Rathaus

Ästhetik in Ton

45

Das Oclay

Einen besseren Blickfang kann es kaum geben: Vor der Tür des Oclay steht ein Waschbecken aus Ton, in das ständig Wasser fließt. Viele Kunden waschen sich darin vorm Betreten des Ladens die Hände – „doch dafür ist es natürlich nicht gedacht", sagt Besitzer Simon Strobl und lacht herzlich.

Das Waschbecken, gedreht aus schwarzem, weißem und rotem Ton, ist das begehrteste Stück unter den Werken des jungen Keramikdesigners, der sein Geschäft in der Grabengasse erst im Dezember 2020 eröffnete. Auch sonst kann er sich über einen Mangel an Nachfrage nicht beklagen. Viele seiner Tee- oder Espressotassen sind ausverkauft, und um für Nachschub zu sorgen, töpfert Strobl meist in der Nacht.

Dies passt zu seinem ungewöhnlichen Berufsweg, der einst bei einem Installateur begann. Als der damals 16-jährige Lehrling in einem Graben Kabel verlegte, wurde ihm mit einem Schlag klar, dass er „raus aus diesem Graben" wollte. Was folgte, war ein Abitur auf dem zweiten Bildungsweg, das Studium von „Raum und Designstrategien" in Linz und ein weiteres richtungsweisendes Ereignis. Als ein Freund fragte, ob er für sein Café Geschirr töpfern könne, entdeckte Simon eine neue Leidenschaft: „Ich habe im Ton gewühlt, bis es Sinn machte."

TIPP

In der Grabengasse 10 gibt es im Feinkostladen „aus dem Hinterland" regionale Produkte.

„Ok Ton" lautet dann auch übersetzt der Name seines Geschäftes Oclay, und die Begeisterung für dieses Material möchte Strobl seinen Kunden ganz praktisch mitgeben. Er veranstaltet Töpferkurse und vermietet Töpferscheiben. Simon sagt, dass es in seiner Generation der 30-Jährigen den Drang gebe, mit den eigenen Händen etwas Nachhaltiges zu fertigen: „Es ist wie ein Revival dieses Kunsthandwerks, vielleicht weil es ästhetische Formen mit Funktionalität verbindet." Angesichts seines Erfolgs könnte Simon Strobl also zufrieden sein – und ist es dennoch nicht völlig: „Das kann man in diesen bewegten Zeiten wohl auch nicht sein." Und so verfolgt der Designer schon neue Pläne.

● Oclay, Grabengasse 26, 94032 Passau
www.oclay.de
● ÖPNV: Linie 3, 4 ab ZOB Bussteig 1 D Richtung Achleiten, Haltestelle Stadttheater

Großbürgerliche Sehnsucht

46

Der Saal des Rathauses

Er sieht genauso aus, wie man sich in der „guten alten Zeit" einen Festsaal vorstellte: hohe, gewölbte Decken, getragen von Marmorsäulen. Bleiglasfenster, die den Raum in ein geheimnisvolles Dunkel tauchen, und überall Motive, die an eine glanzvolle Vergangenheit erinnern. Nachdem Napoleon durch Kriege und revolutionäre Ideen auch in Deutschland für Unruhe gesorgt hatte, sehnten sich die Bürger in der Zeit des „Historismus" nach Sicherheit und alten Idealen.
Was aber kann es für die Passauer Wichtigeres geben, als ihre Stadt als einen Ort des deutschen Nationalepos, des Nibelungenliedes, zu präsentieren? Daher wird eine Saalwand von einem einzigen Kolossalgemälde bedeckt. 4,60 x 6,20 Meter ist es groß und zeigt den „Einzug Kriemhilds in Passau": die schöne Witwe des Drachentöters Siegfried, ganz in Weiß gekleidet auf einem Schimmel, empfangen von ihrem Onkel, dem Passauer Bischof Pilgrim. Doch dies ist nur die zentrale Aussage, mindestens genauso beachtenswert sind die Details: die blonden – also deutschen – Zöpfe Kriemhilds, der – eigentlich nicht hierhergehörende – römische Soldat mit Eichenlaubkranz sowie die fast entblößten Kinder und Frauen am linken Seitenrand.
Geschaffen wurde das Monumentalwerk von Ferdinand Wagner in den 1890er-Jahren. Etwas später malte der Passauer für die gegenüberliegende Saalwand dann ein Bild, welches das zweitwichtigste Ereignis der Stadt thematisiert: die Hochzeit des deutschen Kaisers Leopolds I. mit Eleonore von Pfalz-Neuburg 1676. Wobei dieses Bild fast schon komische, aber realistische Züge trägt: das süffisante Lächeln eines Bischofs sowie das typische, vorspringende Kinn des Habsburgers. Tatsächlich hatte Eleonore, deren Pfälzer Familie als besonders fruchtbar galt, vieles versucht, den ziemlich hässlichen und bis dahin ohne männlichen Thronfolger gebliebenen Habsburger nicht heiraten zu müssen. Vergeblich, wie man sieht. Die 20-Jährige wurde zur dritten Ehefrau Leopolds und gebar ihm zehn Kinder.

TIPP

Schräg gegenüber liegt das bayerisch-arabische Bio-Lokal „Kranabith".

- Rathaus, Rathausplatz 2, Eingang in der Schrottgasse, 94032 Passau
www.passau.de
- ÖPNV: Citybus ab ZOB oder Hbf., Haltestelle Rathaus

In Asien dahoam

47

Die Umami-Bar

Süß, sauer, salzig, bitter – das sind die vier gängigen Geschmacksrichtungen. Doch es gibt noch eine weniger bekannte fünfte: Umami. Der Begriff stammt aus dem Japanischen und bedeutet „würzig" oder „köstlich". Bis vor wenigen Jahren verband man künstliche Geschmacksverstärker wie etwa Brühwürfel mit dieser Bezeichnung. Tatsächlich jedoch gilt der Koch Napoleons als der (freilich zufällige) Begründer der Umami-Küche: Er servierte seinem Kaiser ein Gericht aus Huhn, Flusskrebsen, Pilzen und Eiern. Beim langen Schmoren setzten diese stark proteinhaltigen Speisen Glutamat frei und gaben ihm eine solch intensive Würze, dass es Napoleon immer wieder nach diesem „Huhn Marengo" gelüstete.

Und genau um eine solche Würzigkeit geht es in der Umami-Bar in der Altstädter Grabengasse, einem handtuchgroßen Lokal, in dem kaum zwei Gäste aneinander vorbeikommen und man an einer schmalen Tafel dicht an dicht mit seinen Stäbchen hantiert. Ganz so wie in Asien eben. Asian Street Food lautet denn auch der Untertitel der Bar. Nicht nur, aber besonders die Studierenden der nahen Uni holen sich hier ihr Mittagessen auf die Hand, sprich in die Mitnahmebox. Dass keine chemischen Geschmacksverstärker verwendet werden, versteht sich von selbst. Überraschender ist, dass selbst Miso, die vielseitige japanische Umami-Würzpaste aus Sojabohnen, in der Umami-Bar aus Kichererbsen und Kürbiskernen selbst hergestellt wird.

Miso ist Grundzutat der Ramen-Suppe, des derzeitigen Renners der Asia-Küche, sei es in Berlin oder Passau. Weizenroggennudeln in Brühe, Toppings aus gekochten Eiern, geröstetem Sesam und frischen Kräutern, vegetarisch oder mit Fleisch. Für viele ist das langsame Schlürfen der fast schon überwürzten Suppe Glück pur. Am Abend wird in der Bar dann jedoch auch bayerisch Angehauchtes angeboten: paniertes Schnitzel samt einem Kartoffelsalat, der mit Miso gewürzt wird.

TIPP

Veranstaltet werden auch Kochkurse.

- Esskultur Umami Bar, Grabengasse 13, 94032 Passau
  www.esskultur-gruppe.de
- ÖPNV: Linie 3, 4 ab ZOB Bussteig 1 D Richtung Achleiten, Haltestelle Stadttheater

Wahrzeichen der Stadt

48 Der Passauer Tölpel

Das Gesicht ist fast 1 Meter hoch, hat riesige Augen und dicke Lippen: der verwitterte Granitkopf vor dem Landratsamt am Domplatz. Fast könnte man ihn für die volkstümliche Darstellung eines „Negers" halten, doch wenn dem so wäre, würde die aktuelle Debatte über politische Korrektheit wohl bald für seinen Abtransport sorgen.
Und so macht erst ein Blick auf die Inschriftentafel deutlich, wem dieses seltsame Antlitz gehört. Es handelt sich um den „Passauer Tölpel", also um den „Deppen von Passau". Was jedoch hat es damit auf sich? Anton Niederleuthner, Richter und dank seines Engagements für die Passauer Kultur auch Ehrenbürger der Stadt, schrieb Ende des 19. Jahrhunderts:
„Von Passaus Dom fiel ich herunter, wobei mein schöner Leib zerbrach. Bin trotzdem kreuzwohlauf und munter. Und nur im Kopf noch etwas schwach."
Wie so vieles in Passau ist der Tölpel also eine Folge der Stadtbrände des 17. Jahrhunderts. Tölpel wurde er wohl wegen seines zwar freundlichen, aber doch eben auch täppischen Gesichtsausdrucks genannt. Es gibt jedoch auch noch eine andere Erklärung: Nach dem Wiederaufbau des Doms erhielten seine Türme nicht ihre gotischen Spitzhelme zurück, sondern flache Dächer. Wegen dieser architektonischen Dummheit bezeichnete ein ortsfremder Geistlicher die Passauer als „Dölpeln", was sich rasch in ganz Deutschland herumsprach und den Tölpel zu einem Wahrzeichen der Stadt machte.
Unzählige Kupferstiche haben den Kopf seitdem abgebildet, unzählige Gedichte wurden auf ihn verfasst, und selbst Goethe plante, den Tölpel in seiner Jugenddichtung „Hanswursts Hochzeit" auftreten zu lassen. Die Passauer jedoch verloren nicht ihren Humor: Wollte ein auswärtiger Gast den Tölpel sehen, führten sie ihn zu einem Brunnen und zeigten ihm sein Spiegelbild. Bis heute nennt sich der Autor einer Kolumne der Passauer Neuen Presse „Passauer Tölpel".

TIPP

Am Domplatz steht ein weiteres Denkmal, über das Passau lacht: König Max I. als „Der Regenprüfer".

- Passauer Tölpel, Steinweg, 94032 Passau
- ÖPNV: Citybus ZOB oder Hbf., Haltestelle Domplatz

Der Passauer Tölpel
Früheres Wahrzeichen der Stadt. Seine Herkunft ist umstritten. Er könnte der Kopf einer Statue des Dompatronats von 1370 sein oder aber ein Kragstein (frühes 15. Jh.) vom westlichen Domgiebel. Der Überlieferung nach stürzte er im Jahre 1662 entweder beim großen Stadtbrand oder aber am Fronleichnamstag, als der Schalldruck der Musketen den vom Brand beschädigten Westteil des Domes zum Einsturz brachte, von der gotischen Westfassade herunter.

Märchenschloss in Grün

49

Die Glasscherbenvilla

Spitze Türmchen wie bei einem englischen Schloss in einem Film Rosamunde Pilchers. Köpfe junger Frauen und abschreckende Teufelsmasken. Vor allem aber Tausende von farbigen Glasscherben, die die Fassade an sonnigen Nachmittagen zum Glitzern bringen. Bei der Glasscherbenvilla, etwas abseits des Zentrums, handelt es sich nicht nur um das ungewöhnlichste Bauwerk Passaus, sondern auch um ein in Europa einzigartiges Beispiel für den Stil des Eklektizismus. Damit ist das lustvolle Mischen von Stilrichtungen gemeint, und dies geht hier so weit, dass sich manche beim Betrachten der grünen Villa an eine Grotte erinnert fühlen, wie sie sich fantasievolle Adelige in der Barockzeit anlegen ließen.

Errichtet wurde die Villa, die gar keine Villa, sondern ein Mehrfamilienhaus ist, 1902 von Aristide Ostuzzi, weshalb man auch von Ostuzzi-Villa spricht. Ursprünglich wollte der Italiener nur ein einfaches Wohnhaus bauen, doch vielleicht hat ihn ein Besuch im Bayerischen Wald veranlasst, seine Pläne radikal zu ändern. Denn in Glasmachergemeinden wie Spiegelau oder Zwiesel wurden die Häuser früher mit Glasbruch verziert. Aus dem „Woid“ stammt auch das Glas der Glasscherbenvilla, die in dieser Form ganz ohne Genehmigung der Baubehörde verwirklicht wurde.

TIPP

Glas kann man in der Sechzehnerstraße 28 a in der Bläserei Stauber kaufen.

Es ist jedoch nicht nur das glitzernde Glas, das fasziniert, sondern all die verschiedenen Formen und Muster, in denen es die Fassade überzieht. Und dann taucht zwischen den Scherben noch eine weitere Besonderheit auf: unzählige Figuren des Gekreuzigten aus weißem Porzellan – und ihnen allen fehlen die Beine. Einmal ist sogar eine quere Mischung von Geburts- und Kreuzigungsszene zu sehen – allzu ernst nahm es Ostuzzi mit dem Glauben wohl nicht. Die Deutsche Stiftung Denkmalschutz, 2000 an der Sanierung des Hauses beteiligt, nannte es „ein Märchenschloss, das ein findiger Baumeister der Bürokratie abgetrotzt hat“.

- Glasscherbenvilla, Ostuzzistraße 3, 94032 Passau
- ÖPNV: Linie 5, 6 ab ZOB Bussteig 2 Richtung Kohlbruck, Haltestelle Auerspergstraße

Zwerge und Atlanten

50

Der Paradiesgarten in Neuburg am Inn

Eigentlich ist es ganz einfach, mit dem Rad oder zu Fuß von Passau nach Neuburg am Inn zu kommen. Keine 8 Kilometer sind es, und der Weg führt direkt am Fluss entlang. Dann jedoch gibt es eine entscheidende Hürde: Denn die Neuburg, die dem Ort den Namen gab, erhebt sich auf einer Höhe von 450 Metern steil über dem Inn. Und so ist es kein Wunder, dass die Besucher, die den Anstieg bewältigt haben, zuerst einen der schönsten Biergärten der Region ansteuern: die Hoftaverne des Schlosshotels.

Gleich nebenan gibt es jedoch noch einen weiteren Garten, und auch dieser steht für Entspannung und Erholung – wenngleich in ganz anderer Art: der Paradiesgarten, der 1660 unter dem kaiserlichen Hofkammerpräsidenten Graf von Sinzendorf angelegt wurde.

TIPP

Im Schloss gibt es eine Galerie mit Bildern zur Geschichte Neuburgs.

Von Brunnen, Blumenbeeten und mythologischen Figuren geschmückte, streng symmetrische Gärten gehörten im 17. und 18. Jahrhundert zu einem barocken Schloss ganz einfach dazu, sei es in Schönbrunn oder Versailles. In Neuburg findet sich all dies wieder, und der verkleinerte Maßstab macht es umso leichter, die barocke Welt zu verstehen. Da sind zum Beispiel die acht Zwerge mit ihren Musikinstrumenten. Die Idee geht zurück auf den Kupferstecher Jacques Callot, der für einen Medici-Herzog Stiche schuf, die Zwerge als Bettler, Bucklige oder Komödianten darstellten – daher spricht man auch von Callot-Figuren.

Blickfang des Gartens ist ein Bauwerk, das zunächst wie ein Triumphbogen aussieht und von zwei muskulösen Atlanten gestützt wird. Tatsächlich handelt es sich um eine künstliche Grotte – und auch dies ist typisch für die Gedankenwelt des Barock. Natur sollte künstlich, aber mit natürlichen Materialien nachgebildet werden. Und so schuf Passaus Dombaumeister Carlone aus Muscheln, Kalksteinbruch, gefärbten Tuffsteinen, Spiegeln und Schlacken einen geheimnisvollen Ort der Ruhe.

- Paradiesgarten, Am Burgberg 5, 94127 Neuburg am Inn
  www.passauer-land.de
- ÖPNV: Linie 6106 ab Hbf., Haltestelle Straß b. Neuburg a. Inn, Schloss

Theater fürs Volk

51 Stadttheater Passau im Fürstbischöflichen Opernhaus

Eigentlich hätte man dies in einer Stadt, die jahrhundertelang unter der Fuchtel von Fürstbischöfen stand, gar nicht erwartet: ein Opernhaus, das schon 1783 für das „gemeine Volk“ geöffnet wurde, Vergleichbares gab es nur in Wien. Doch vielleicht stimmt das Bild vom moralisch strengen Bischof gar nicht. Zumindest lassen dies historische Quellen über den Prunk der Hofhaltung vermuten. Ja, Johann Pezzl, später Sekretär Metternichs, schrieb 1784 sogar von „Knechten der Weinflasche und des Bauches“.

Offiziell wollte Kardinal Graf von Auersperg mit dem Opernhaus eine „moralische Bildungsanstalt“ schaffen, wobei er dem schon 1645 als Ballhaus errichteten Gebäude eine streng klassizistische Fassade verlieh. Direkt am Inn gelegen, gehört es heute zum Schönsten, was Passau in dieser Hinsicht zu bieten hat. Aber auch das Innere hat es in sich: Nobellogen über zwei Stockwerke unter einem von rosa Wölkchen bedeckten blauen Himmel. Blattgirlanden und Laubkränze vermitteln dem Besucher den Eindruck, in einem Garten zu sitzen. Trotz Zerstörungen durch Hochwasser hat sich am ursprünglichen Aussehen bis heute fast nichts verändert.

TIPP

Bis spät in die Nacht geöffnet hat das Theatercafé am Unteren Sand 2.

Mit der Säkularisation 1803 begann die langsame Umwandlung zum Stadttheater. Schon ab den 1880er-Jahren arbeitete Passau mit dem Theater in Landshut zusammen, heute sind die beiden Städte gemeinsam mit Straubing Träger des Landestheaters Niederbayern.

Während bei Oper und Operette Klassiker von Mozart oder Johann Strauß auf dem Spielplan stehen, werden im Schauspiel auch moderne Werke von Woody Allen oder Rainer Werner Fassbinder inszeniert. Und auch Kabarettistinnen wie Sissi Perlinger oder Lisa Fitz treten im Stadttheater mit seinen 350 Plätzen auf. Vor einer Neuinszenierung finden „Einführungsveranstaltungen“ statt, es gibt Theaterführungen und einen Theaterfrühschoppen.

- Stadttheater Passau, Theater im Fürstbischöflichen Opernhaus, Gottfried-Schäffer-Straße 2, 94032 Passau, www.landestheater-niederbayern.de
- ÖPNV: Linie 3, 4 ab ZOB Bussteig 1 D Richtung Achleiten, Haltestelle Stadttheater

Zinnkrug auf Spitzendeckchen

52

Der Flohmarkt am Innufer

Es ist Samstagvormittag, und über Passau wölbt sich ein blitzblanker blauer Himmel. Stundenlang hat es am Tag zuvor gestürmt, und der Regen ließ das Wasser des Inns so stark anschwellen, dass dieses jetzt nicht mehr grün, sondern schlammig braun ist. Auf der Promenade trainieren Jogger, schon kurz nach 9 Uhr sind die Tische der Cafés gut besetzt. Und an den Tischen des Flohmarkts unter den alten Kastanien drängen sich wie seit 40 Jahren die Kauflustigen.

Nein, dies ist kein Flohmarkt für Kunden, die nach Antiquitäten suchen, nach Jugendstilspiegeln oder Bauernmöbeln. Und es ist auch kein Flohmarkt, wo fehlerhafte Neuware angeboten wird, sondern es ist ein wahrer „Marché aux Puces", wie er im 19. Jahrhundert zuerst in Frankreich stattfand.

Rings um eine Sandsteinsäule, die an einen aus Bayern stammenden Ministerpräsidenten Griechenlands erinnert, hat eine Verkäuferin ihr Sammelsurium ausgebreitet: Kruzifixe liegen neben Plastiklatschen, Gemälde, die eine fantasievolle Berglandschaft zeigen, neben einer Gugelhupf-Form. Viele der Anbieter sind Hausfrauen aus Passau, und bei manchen scheint es, als hätten sie ihren halben Haushalt mitgebracht. (Fast) alles kann man hier finden, schön drapiert auf Spitzendeckchen oder Sonntagstischdecken: blau-weiß gemustertes Porzellan, Bierkrüge, ebenfalls blau-weiß und mit dem früher üblichen Zinndeckel, oft einen halben Meter groß. Hölzerne Kaffeemühlen mit Emailschublade und kristallene Plätzchenschalen. Und natürlich gibt es auch Textilien in allen Varianten, so entstand ja der Name Flohmarkt.

Gehandelt wird auf dem „schönsten Flohmarkt Niederbayerns" selbstverständlich heftig. Doch fühlt sich eine Passauerin mit ihrer Ware nicht ernst genommen, dann verweigert sie schon mal den Verkauf. Und dann können unter den alten Kastanien auch nicht zitierfähige Worte fallen. Für alle anderen aber gilt: Nach einem erfolgreichen Einkauf lässt man sich glücklich und zufrieden noch für einen Augenblick des Ausruhens am Inn nieder.

TIPP

Der Flohmarkt findet von März bis Oktober jeden zweiten und vierten Samstag des Monats statt.

● Flohmarkt an der Innpromenade, Innpromenade bei der Gottfried-Schäfer-Straße, 94032 Passau, www.flohmarkt-passau-innpromenade.de
● ÖPNV: Linie 3, 4 ab ZOB Bussteig 1 D Richtung Achleiten, Haltestelle Stadttheater

KEN
FOLLETT
HARIBO
Turmschreiber

Böhmisches und Bayerisches

53 Das Glasmuseum

Böhmerwald und Bayerischer Wald – sie waren jahrhundertelang die wichtigste europäische Region für die Herstellung von Kristallglas. Kein Wunder also, dass sich in Passau, rund 50 Kilometer von der tschechischen Grenze entfernt, das weltweit größte Glasmuseum befindet. 30.000 Gläser umfasst die Sammlung, zu deren ungewöhnlichsten Exemplaren riesige Vasen mit persischen Mustern zählen. Obwohl „nur“ 13.000 Gläser derzeit ausgestellt sind, verteilt sich die Ausstellung über vier Stockwerke und mehr als 20 Räume. Der böhmische Adelige und ehemalige tschechische Außenminister Karl Fürst von Schwarzenberg sagte bei seinem Besuch: „Ich habe viele Glassammlungen in aller Welt gesehen, doch keine wie diese.“

Anders als man angesichts der Größe der Sammlung erwarten könnte, ist dieser gigantische Glücksort für Glasliebhaber noch gar nicht so alt. Zu seiner Eröffnung 1985 hatte Initiator und Hotelier Georg Höltl eigens US-Astronaut Neil Armstrong und dessen Frau Janet eingeladen.

Ein Schwerpunkt der Ausstellung ist dem beginnenden 20. Jahrhundert gewidmet. In dieser sogenannten Gründerzeit entstand in ganz Europa in unglaublicher Geschwindigkeit ein gut verdienendes Bürgertum, das für seine prächtigen Villen schöne Dinge suchte und Gläser und Vasen im Jugendstil fand. Die mutig geschwungenen Gefäße in teilweise abenteuerlichen Farbkombinationen faszinieren heute die Besucher.

Zu den vielleicht schönsten Exemplaren des Museums gehören die dickwandigen Pokale der Preußler Glashütte aus dem schlesischen Hirschberg. Dieses war in der Mitte des 18. Jahrhunderts Europas Zentrum für Hoch- und Tiefschnitte. Die Motive der Glasmacher waren vielfältig: Neben Wappen von Adeligen finden sich auch römische Gottheiten wie ein weinbekränzter Bacchus oder die Darstellung eines Hafens in Venedig.

TIPP

Am Residenzplatz liegt die Galerie des (Glas-)Künstlers Horst Stauber.

- Glasmuseum Passau, Schrottgasse 2, 94032 Passau
  www.glasmuseum.de
- ÖPNV: Citybus, ZOB oder Hbf., Haltestelle Rathaus

Wenn Granit das Leben prägt

54

Die Steinwelten von Hauzenberg

Wer einige Tage in Passau verbringt, merkt es schnell: Granit ist der Stein der Region. Keine Wanderung, die nicht an Steilhängen aus Granit vorbeiführt, und selbst auf Supermarktparkplätzen werden sie als Einfassung verwendet. Aus Granit sind weite Teile des Bayerischen Waldes aufgebaut, entstanden ist er vor mehr als 300 Millionen Jahren. Der beste Ort, um mehr über Granit und seinen Abbau zu erfahren, ist daher eine Bayerwaldstadt: im Museum Steinwelten in Hauzenberg, 20 Kilometer nordöstlich von Passau.

Was an diesem Museum glücklich macht, das sind die modernen Techniken, mit denen es die Realität eines 500 Jahre alten Handwerks lebendig werden lässt. Dies beginnt schon beim Museumsgebäude selbst, einem Flachbau mit vielen spitzen Winkeln aus Granit, Graphit, Glas und rohem Stahl. Betritt man dann das Freigelände, ein früheres Bergwerk, erklingen urplötzlich Stimmen im breiten Dialekt der Waldler, und die Besucher hören, wie sich Steinhauer über ihre manchmal fast unmenschlichen Arbeitsbedingungen austauschen. Tatsächlich war das Leben der Arbeiter zwiespältig: Einerseits brachte der Granit der Region Wohlstand, und viele Hauer waren stolz darauf, als Selbstständige selbstbestimmt arbeiten zu können. Andererseits stehen die Granitarbeiter für den längsten Streik in der Geschichte der Bundesrepublik: 1991 kämpften sie 298 Tage für bessere Bezahlung. All dies ist ihren Gesichtern anzusehen.

Kindern wird es gefallen, wie im Untergeschoss, das der Erdgeschichte gewidmet ist, Dinosaurier durch eine von Erdbeben erschütterte Landschaft schreiten. Hier findet sich zudem eine in Deutschland einmalige Sammlung von Edelsteinen und Mineralien – von ihren kristallinen Formen und schillernden Farben geht eine einzigartige Faszination aus. Steine und Schmuckstücke sind im Museums-Shop auch käuflich zu erwerben – und sollte es nur ein Salzstreuer aus Granit sein.

TIPP

Das nahe Naturhotel Gidibauer bietet regionale Küche und individuell gestaltete Zimmer.

● Steinwelten, Passauer Straße 11, 94051 Hauzenberg
www.granitzentrum.de
● ÖPNV: Linie 7599 ab Passau Reisebüro Niedermayer, Haltestelle Poststraße

Design aus dem Woid

55

Das Modehaus Garhammer in Waldkirchen

Waldkirchen ist das östliche Tor zum Bayerischen Wald. Steht man am oberen Ende des Marktplatzes, erblickt man am Horizont den blaugrün leuchtenden Gebirgskamm. Jahrhundertelang war der Ort die letzte bayerische Station der Salzhändler, bevor sie sich mit ihren Lastpferden auf den Weg „ins Böhmische" machten. Heute jedoch ist Waldkirchen aus einem ganz anderen Grund bekannt.

1896 gründet Johann Garhammer, Sohn eines Messerschmieds, am Marktplatz einen Kolonialwarenladen. Doch schon ein Jahr danach entdeckt er die Mode für sich. Heute, 125 Jahre später, zählt das Modehaus Garhammer 9000 Quadratmeter Verkaufsfläche und hat unzählige Modepreise – darunter mehrmals für die beste Dessous-Abteilung – gewonnen. Nur zum Vergleich: Das Berliner KadeWe bringt es im Bereich Bekleidung auf gut 20.000 Quadratmeter. Und hier wie dort locken Edelmarken wie Boss, Calvin Klein, Joop oder Tommy Hilfinger – um nur einige wenige zu nennen. Bis aus München oder Nürnberg kommen sie zum Garhammer, und dies nicht nur wegen seines unvergleichlich breiten Angebots, sondern auch wegen des eher selten gewordenen Services. „Wünschen Sie persönliche Beratung?" lautet eine der ersten Fragen der zahlreichen Verkäuferinnen. „Möchten Sie etwas trinken?" eine andere. Worauf den suchenden Damen ein Glas Prosecco und den wartenden Herren Weißbier serviert wird. Inzwischen kann man sich eine von einem „persönlichen Stilberater" zusammengestellte „Outfit-Box" bis an die Haustür liefern lassen und in aller Ruhe probieren und entscheiden.

Wer den direkten Besuch in einer der schönsten Städte des Bayerwaldes vorzieht: Zum Entspannen von den Mühen des Einkaufens gibt es bei Garhammer das Café Mocca sowie das Eiscafé Lido. In diesem kann man in aller Ruhe dem Treiben rund um den modernen Marktbrunnen zuschauen. Wer es exklusiver will, wählt das ebenfalls zu dem Modehaus gehörende Restaurant Johanns, immer wieder mit einem Michelin-Stern ausgezeichnet.

TIPP

Im „Dom des Bayerwaldes", einer der größten Kirchen, finden Orgelkonzerte internationaler Musiker statt.

- Modehaus Garhammer, Marktplatz 6, 94065 Waldkirchen
www.garhammer.de
- ÖPNV: Schnellbus Linie 100 ab Passau Hbf., Haltestelle Busbahnhof

mocca

Schweinebraten à la Slow Food

56

Goldenes Schiff

Welches Gasthaus kann seinen Gästen schon so unterschiedliche Möglichkeiten bieten: Wer die Sonne liebt und gern das Passauer Leben zwischen Stadttheater und Universität an sich vorbeiziehen lassen möchte, wählt einen Platz direkt vor dem Restaurant mit schönem Blick auf den Dom. Wer es dagegen schattig mag und ruhiger, zieht sich in den kleinen grünen Gastgarten zurück. Und dann gibt es natürlich noch den hellen, modernen Gastraum mit seinem schönen Holzboden in einem Barockhaus aus der Mitte des 18. Jahrhunderts. Bereits ab 1811 wurde hier „Braunbier" ausgeschenkt. Das alles ist das Goldene Schiff unweit des Inns.

Fast untergegangen wäre das Schiff im Jahrhundert-Hochwasser von 2013. Nach einer umfassenden Renovierung setzt man ganz auf die Slow-Food-Prinzipien einer regionalen, saisonalen Küche aus besten (Bio-)Produkten. So wird die Dunkelbiersauce des von unzähligen Gästen hochgelobten Bio-Schweinebratens auf altbayerische Art mit im Reindl mitschmorenden Brotscheiben gebunden. Die Pasta ist ebenso hausgemacht wie die Bratensülze. Vor allem bayerische und österreichische Gerichte (Mohnfingernudeln!) stehen auf der Speisekarte, aber auch Tafelspitz mit grüner Sauce, ein Gericht der Frankfurter Schwiegermutter des Besitzers Peter Wolf. Wenn es im Sommer heiß wird, wird Mediterranes wie Ratatouille angeboten. Zwei täglich wechselnde Mittagsgerichte, eines davon vegetarisch, sind günstig zu bekommen. Außerdem gibt es eine Brotzeitkarte, auf der zum Beispiel der ansonsten in Gasthäusern selten gewordene Pressack – gepresste Kochwurst aus Speck, Schwarten und Schweinefleisch – mit Traubenkernöl steht.

Im Unterschied zu den meisten anderen Gasthäusern Passaus hat das Goldene Schiff bis Mitternacht geöffnet, und so kommen viele Gäste nach einem Konzert oder einer Theateraufführung auf ein Aldersbacher Klosterbier oder einen Wein aus der Wachau hierher.

TIPP

Im Goldenen Schiff kann man auch übernachten.

- Wirtshaus und Pension Goldenes Schiff, Unterer Sand 8, 94032 Passau www.goldenesschiff.de
- ÖPNV: Linie 3, 4 ab ZOB Bussteig 1 D Richtung Achleiten, Haltestelle Stadttheater

Wer wirft den ersten Stein?

57

Der Stephansaltar im Dom

Dieser Altar ist ein Fremdkörper inmitten von barockem Stuck. Ja, der Hochaltar des Doms ist so modern, dass man sich unweigerlich fragt, wie er ins Zentrum eines Bistums gelangt, das immer noch als eines der konservativsten Deutschlands gilt.

Thema des Altars ist die Steinigung des heiligen Stephan, eines der ersten Märtyrer der Christenheit. Dies ist zunächst nichts Überraschendes – auch das Fresko im Chor zeigt den Tod des Diözesanpatrons. Im Zentrum der silbernen Skulpturengruppe kniet Stephan, viel ausdrucksstärker als er sind jedoch die Figuren seiner Peiniger rechts und links: 3,5 Meter sind sie hoch und sehen mit ihren wohlgeformten Körpern aus wie olympische Athleten. In ihren zum Wurf erhobenen Armen halten sie gewaltige Steine, viel größer als die faustgroßen Geschosse, die man von anderen Stephansbildern kennt. Über dem Gesteinigten aber steht fast schon triumphierend und mit zum Himmel weisender Hand Jesus Christus. Eine Darstellung, die ganz und gar der Glücksvision des heiligen Stephan entspricht, in der es heißt: „Ich sehe den Himmel offen." Der Altar wurde in den ersten Jahren nach dem Zweiten Weltkrieg von einem erklärten Gegner der Nationalsozialisten in Auftrag gegeben, dem damaligen Domdekan und Hochschulprofessor Franz Xaver Eggersdorfer, Verfasser zahlreicher pädagogischer Schriften zur „Volksbildung". Als Künstler wählte Eggersdorfer den Bildhauer Josef Henselmann, der auch den Rinderbrunnen in München verwirklichte. Ihm ging es vor allem um die „Neugier auf den Menschen in seiner Einmaligkeit". Durchaus möglich also, dass Auftraggeber und Künstler mit ihrem Altar ein pädagogisches, aufklärerisches Ziel verfolgten. Aus dem Bistum heißt es, man könne nicht belegen, dass der Stephansaltar dezidiert mit Opfern des NS-Regimes in Verbindung zu bringen sei. Sicher dagegen ist, dass dieser heute zu den bedeutendsten christlichen Kunstwerken des 20. Jahrhunderts zählt. Eindrucksvoller lässt sich wohl kaum darstellen, welches Leid, aber auch welche Hoffnung mit dem Glauben verbunden sein kann. Und so verharren viele Dombesucher hier minutenlang.

TIPP

Domführungen bietet das Tourismusbüro am Rathausplatz an.

● Dom St. Stephan, Domplatz, 94032 Passau
● ÖPNV: Citybus ab ZOB oder Hbf., Haltestelle Domplatz

Fast schon in Österreich

58 Die Innstadt

Die Innstadt ist anders. Vom Reichtum der Fürstbischöfe ist hier nichts zu spüren und auch nichts von der Modernität der Neuen Mitte am anderen, linken Innufer. In der Innstadt drücken sich kleine, nicht selten schiefe Häuser eng aneinander, und die Straßen sind so schmal, dass die Autofahrer immer wieder zu Rücksetzern gezwungen sind, wenn ihnen ein Wagen entgegenkommt.
Dabei ist die Innstadt eine der Keimzellen Passaus. Hier bauten die Römer um 270 n. Chr. ihr Kastell Boiotro. Hier gründete keine 200 Jahre später der heilige Severin eines der ersten Klöster Bayerns. An diese Anfänge der Geschichte erinnern Severinskirche und -tor sowie der Innstadtfriedhof, einer der ältesten Friedhöfe im deutschsprachigen Raum. Rings um ihn herrscht heute eine fast dörfliche Atmosphäre. Beiderwies heißt bezeichnenderweise die Gemeinde, die erst 1803 zu Bayern kam. Überhaupt ist die Innstadt fast so etwas wie eine Exklave Passaus und von drei Seiten von Österreich umgeben.

TIPP
Seit 2004 findet im Herbst die Innstadt-Kneipentour statt.

Als Passauer Vorstadt entstand das heute rund 6000 Einwohner zählende Viertel Mitte des 12. Jahrhunderts, als während der Kreuzzüge immer mehr Pilger Inn und Donau hinabzogen. Später wurden mit Lärm und Gestank verbundene Handwerksbetriebe aus der Altstadt hierher verlegt, woran Namen wie Lederer- oder Schmiedgasse erinnern. Heute ist das einstige „Dorf an der Innbrücke“ nicht zuletzt eine Stadt der Studenten, denn die Miete ist günstiger als jenseits des Flusses. Aber auch neue, moderne Wohnungen entstehen, so etwa auf dem ehemaligen Gelände der Innstadt-Brauerei – das INN.VIERTEL.
Am schönsten ist es in der Innstadt freilich direkt am Inn. So gibt es gleich zwei Aussichtpunkte, von denen man ganz ungewöhnliche Blicke auf Passaus Altstadt hat: auf dem kleinen Platz vor der klassizistischen Pfarrkirche St. Gertraud und am Sandufer, wo der Mühltalbach in den Inn mündet, kurz vor dessen Vereinigung mit der Donau.

● Innstadt, 94032 Passau
● ÖPNV: Linie 3, 4 Richtung Achleiten und K1 Richtung Mariahilfberg ab ZOB

Von Ziegen und Spiegeln

59

Das Kubin-Haus in Zwickledt

Solche Orte sind selten. Orte, an denen das Bild, das man von einem Künstler hat, auf den Kopf gestellt wird. Wer hätte gedacht, dass Alfred Kubin, Illustrator so vieler Ängste der Moderne, das gesellige Leben schätzte? Dass sich einer, der schon als Kind Skelette malte und später jahrzehntelang für seine schwerkranke Frau sorgte, über die Gründung von Fuchsfarmen Gedanken machte? So zumindest hat es Ernst Jünger festgehalten, der zu den Gästen Kubins in dessen Herrenhaus im österreichischen Zwickledt zählte.

Doch warum zog es den 1877 in Böhmen geborenen Sohn eines Geometers ausgerechnet hierher? Dazu kennt Illustratorin Anette Smolka-Woldan, die durch das Museum führt, eine schöne Geschichte, die Verleger Reinhard Piper, auch er Freund des Grafikers und Schriftstellers, festhielt: Als Kubin 1906 erstmals das jahrhundertealte Rittergut besuchte, sah er ein Bild mit dem Schriftzug „Kubing" und stellte fest: „Das kann ja nur mein Haus sein."

Dies Bild ist nicht erhalten, im Unterschied zu so vielen Dingen, die Kubin, wie Jünger schrieb, ihrem „eigenen Leben" überließ: blinde Spiegel, ein verschlissener und doch gepflegter Sessel oder der von Holzwürmern heimgesuchte Tisch in seiner guten Stube. Schon 1961, nur zwei Jahre nach dem Tod des wohl wichtigsten Zeichners seiner Zeit, übernahm das Land Oberösterreich das Haus, um es so zu erhalten, wie es immer war. Nur zu gut kann man sich vorstellen, wie Kubin von seinen Wanderungen durch das große Tor zurückkehrt, Mantel und Hut aufhängt und sich an seinem Zeichenbrett niederlässt. Er hat immer „gearbeitet, gearbeitet, gezeichnet, gezeichnet", erzählt Smolka-Woldan, und fast alle seiner über 20.000 Werke entstanden in Zwickledt. Das Haus war seine Arche, und dies ist nicht nur allegorisch gemeint. Denn Kubin liebte Tiere, hielt Ziegen und Hühner, und des Künstlers Lieblingsplatz war am Teich in seinem verwilderten Garten – auch dies ein Ort, den man nur ungern wieder verlässt.

TIPP

Führungen zweimal täglich außer Montag, von April-Oktober.

- Kubin-Haus Zwickledt, Zwickledt 7, A-4783 Wernstein
  www.ooelkg.at
- ÖPNV: von Passau Hbf. Regionalzug nach Schärding, dann Bus 818 Richtung Freinberg, Haltestelle Zwickledt

Über Grenzen hinweg

60 Die Alte Innbrücke in Schärding

Die Römerbrücke in Trier oder die Karlsbrücke von Prag. Jahrhundertealte Brücken haben schon immer fasziniert. Handelswege führten über sie, Kreuzritter nutzten sie auf ihren Zügen ins Heilige Land. Brücken konnten Grenzen deutlich machen, wie einst die Glienicker Brücke zwischen der DDR und Westberlin. Doch sie können auch Grenzen überwinden – so wie die schon 1125 errichtete Alte Innbrücke, die das deutsche Neuhaus mit dem österreichischen Schärding verbindet. Kulturvereine arbeiten heute hier ebenso zusammen wie die Feuerwehren mit ihrem „Sandsackmanagement". Und mitten in der Pandemie wurde das Projekt „Blühflächen für Wildbienen" gestartet. „Erleben Hoch Zwei" lautet das Motto der beiden Gemeinden, wobei das kleinere Neuhaus den Schärdingern zugesteht, dass die „schönste Barockstadt Oberösterreichs" an Erlebnissen mehr zu bieten hat. Dazu zählt vor allem der Stadtplatz mit seinen grün, blau und rosa leuchtenden Häusern. Mutig geschwungene Giebel haben sie, und da hier einst die reichsten Kaufleute lebten, spricht man auch von der Silberzeile. Neuhaus dagegen punktet mit seinem barocken Schloss, das als ehemalige Wasserburg wie eine Insel im Inn liegt. Direkt am Fluss gibt es inzwischen zudem einen „Lesegarten" mit frei zugänglichen Bücherschränken.

Ständiges Thema am Inn ist das Hochwasser, und wer auf der Alten Innbrücke steht, kann die ungeheure Kraft der Wassermassen spüren, die der Alpenfluss nach Passau führt. Fast 400 Meter ist der Inn hier breit, und dass er die uralten Häuser an der Schärdinger Innlände mit ihrer Fußgängerpromenade immer wieder überschwemmt, kann man sich nur zu gut vorstellen. Und doch überwiegen am Innufer die Momente des Zaubers. So zum Beispiel zur Weihnachtszeit, wenn bei Lichtspielen Schloss und Brücke in Grün, Lila oder Rot leuchten und es vorkommen kann, dass die Silberzeile wie eine Fata Morgana aus dem Inn aufsteigt.

TIPP

Jeden ersten und dritten Samstag im Monat findet in Schärding Bauernmarkt statt.

- Alte Innbrücke, A-4780 Schärding
- ÖPNV: ab Passau Hbf. mit dem Regionalzug Richtung Linz bis Bahnhof Schärding

Inn-Idylle

61 Die Mariensäule von Wernstein

Durch das grüne Wasser des Inn ziehen die ersten Ruderer ihre Bahnen, allzu schnell sind sie nicht, es ist noch früh an diesem Sonntagmorgen. Auch die ersten Radler sind schon da, nicht einmal 10 Kilometer beträgt die Strecke von Passau nach Wernstein. Kirchenglocken läuten zur Messe, danach werden sich die Biergärten und Mostschenken schnell füllen. Auf der Hitliste der idyllischsten Orte rund um Passau steht die kleine Gemeinde ganz weit oben.

Ein Glücksort, der wie komponiert wirkt. Unten am Fluss die leuchtend weiße, 17 Meter hohe barocke Mariensäule und weit über ihr, auf steilem Berg, die mittelalterliche Neuburg. Wernstein ist österreichisch, Neuburg bayerisch, und als Verbindung dient seit einigen Jahren eine futuristische Hängebrücke. Dass schon die Römer den Platz zu schätzen wussten, davon zeugt der Jupiteraltar in der Pfarrkirche.

Doch sieht die Mariensäule nicht aus wie die vor der Jesuitenkirche in Wien? Oder wie jene am Münchner Marienplatz? Beides stimmt, und so ist die Geschichte der Wernsteiner Maria eine besondere. Gestiftet wurde die Statue vom Habsburger Ferdinand III. als Dank für die Rettung Wiens vor den Schweden im Dreißigjährigen Krieg. Gefertigt wurde sie 1647 von Johann Jacob Pock, Schöpfer des Hochaltars im Wiener Stephansdom nach dem Vorbild der Münchner Maria. 20 Jahre später war sie dem Kaiser nicht mehr gut genug, und er ersetzte die steinerne durch eine bronzene Säule.

Interesse an dem Kunstwerk hatte jedoch einer der reichsten Männer des Reiches, des Kaisers Hofkämmerer von Sinzendorf. Unter „hohen Kosten“, so die Sockelinschrift, ließ er die Säule nach Wernstein transportieren und unterhalb seiner Neuburg aufstellen. Ob er für die Finanzierung eine Falschmünzerei einrichtete, darüber spekulieren die Quellen. Sicher aber ist, dass der Graf seine Madonna nicht lange bewundern konnte. Nur wenig später wurde er wegen Korruption entmachtet.

TIPP

Im Ort gibt es eine Alfred-Kubin-Galerie (siehe auch Seite 124).

- Mariensäule, Wernsteiner Bezirksstraße 1, A-4783 Wernstein am Inn
- ÖPNV: ab Passau Hbf. mit der Regionalbahn Richtung Linz bis Bahnhof Wernstein

Die Zeit vergessen

62 Antiquariat & Buchhandlung Heiner Henke

Wie lange wird es noch Antiquariate geben? Nicht solche, die sich virtuell im Netz bewegen, auf den ersten Blick scheinbar selbstständig, doch längst vom größten Buchhändler weltweit abhängig. Sondern solche, in denen die Bücher auf so hohen Regalen stehen, dass man zu ihnen auf einer Leiter hinaufsteigen muss. In denen der Suchende Stunden verbringt, weil er stöbert, sinniert, schmökert. Einfach die Zeit vergisst, um dann mit einer zweibändigen Geschichte der Stadt Passau aus dem 19. Jahrhundert oder einem Schokoladen-Kochbuch aus Frankreich nach Hause zu gehen.

Ein solches Antiquariat ist das von Heiner Henke, und dass es dieses gibt, verdanken die Passauer zwei Gründen. Zum einen wollte das an der Isar und im Münsterland groß gewordene Ehepaar Henke, dass auch ihre Kinder auf dem Land aufwachsen. Und nicht in Berlin, wo Henke als Buchhändler gearbeitet und bereits ein eigenes Antiquariat geführt hatte. Daher verschlug es sie nach Niederbayern, wo sie eine verfallene Mühle kauften und renovierten. Der zweite Grund hängt ausgerechnet mit dem Parkplatz am Dom zusammen. Als Heiner Henke dort sein Auto abstellte, entdeckte er ein verwaistes frühbarockes Eckhaus, in dem einst Domherren und später der Lokalhistoriker Dr. Alexander Erhard lebten. Anfang der 1970er-Jahre war das, und Henke entschied sich, hier ein Antiquariat zu eröffnen.

Seit 50 Jahren ist dieses nun eine Passauer Institution und inzwischen auch eines von nur noch zwei Antiquariaten in der Stadt. Von zufälligen Passanten könnte Henke freilich nicht leben, die Ladenklingel schlägt oft stundenlang nicht an. Doch der Buchhändler beliefert auch die Bibliothek der Universität und hat inzwischen einen Teil seiner Bestände, immerhin 10.000 Bücher, online gestellt. Kunden schwärmen von den liebevoll verpackten Lieferungen, die zu ihnen nach Hause kommen.

TIPP

Es gibt bei Henke auch eine große Auswahl an Grafiken.

- Antiquariat Heiner Henke, Luragogasse 5, 94032 Passau www.antiquariat-henke.de
- ÖPNV: Citybus ab ZOB oder Hbf., Haltestelle Domplatz

An fremder Welten Tor
Sahara
VOODOO
AFRIKA
EXPEDITION AFRIKA
ANDEN
PERU
VENEDIG
NEUE FUNDE IN CHINA
Das Gedächtnis der Völker
Schätze und Scherben

Ein Mauerblümchen

63

Die Carlonegasse

Hätte Franz Kafka nicht in Prag, sondern in Passau gelebt, wäre die Carlonegasse mit Sicherheit in einer seiner Erzählungen vorgekommen. Denn diese Gasse, die von der Stadt der Bürger hinaufführt zum Bezirk des Bischofs, entspricht so ganz der engen Welt des lebenslang von seinen Ängsten geplagten Schriftstellers: so lang, dass kein Ende zu sehen ist. So eng, dass gerade einmal zwei Menschen aneinander vorbeigehen können. Vor allem aber wird die Carlonegasse begrenzt von fensterlosen Mauern, über die man nur selten hinwegsehen kann, um sich dann auf einen weiten Platz mit dem mächtigen Dom zu öffnen. Tatsächlich gibt es eine solche Gasse, die ihren Namen nach dem Dombaumeister Giovanni Battista Carlone trägt, in Passau kein zweites Mal. In der ebenfalls zum Dom hinaufführenden Luragogasse zum Beispiel, benannt nach dem anderen Architekten des Doms, laden gleich zwei Wiener Kaffeehäuser zum Einkehren ein. Durch die Carlonegasse aber versucht wohl jeder, so schnell wie möglich hindurchzukommen.

Warum also sollte dies ein Glücksort sein, wenn man nicht gerade Kafka-Fan ist? Eigentlich nur aus einem Grund: In der Gasse wächst aus grauen Mauern das lila Passauer Wolfsmäulchen. Ja, diese zu den Löwenmäulchen gehörende Pflanze heißt tatsächlich so, gedeiht sonst eher in Mittelmeerländern, liebt jedoch von der Sonne erwärmte Mauern. In Passau ist sie seit dem 16. Jahrhundert heimisch, und lange Zeit war die Carlonegasse sogar der letzte Ort Niederbayerns, wo sie wuchs. Grund genug, Samen des Wolfsmäulchens in der Carlonegasse zu sammeln und an verschiedenen Mauern der Dreiflüssestadt auszusäen. Durch dieses Mauerblümchen solle, so die Idee, der mediterrane Charakter Passaus unterstrichen werden. Hoch über den lila Blüten aber thront wie ein unzugänglicher Palast das Priesterseminar. Wer fühlt sich da nicht an Kafkas Schloss erinnert?

TIPP

In der Grabengasse, am unteren Ende der Carlonegasse, gibt es bei VARIASOPHIA originelle Dirndl.

● Carlonegasse, 94032 Passau

● ÖPNV: Linie 3, 4 ab ZOB Bussteig 1 D Richtung Achleiten, Haltestelle Stadttheater

Im Biergarten hoch über Passau

64

Das Andorfer Weißbräu

Die Bewertungen auf der Homepage könnten enthusiastischer kaum klingen: „Bestes Weizenbier, das ich jemals getrunken habe", „eine Weißbieroffenbarung", „Ich habe viele Weizendoppelbockbiere probiert, doch das ist das beste". Kein Wunder also, dass sich angesichts solchen Lobes der Wirt des Andorfer Weißbräus, Lothar Andorfer, zum Dichten veranlasst sieht: „Beim Weißbräu ob'n, des muaß ma sag'n, do is des Leb'n noch zu ertrag'n." Und tatsächlich liegt das Andorfer Weißbräu „ob'n" hoch über Passau im ehemaligen Dorf Ries.

Was aber ist eigentlich der Unterschied zwischen Weißbier, Weizenbock und Weizendoppelbock? In erster Linie ist es der unterschiedliche Alkoholgehalt. So bringt es der Weihnachtsdoppelbock auf 7,7 Vol.-% Alkohol und 18,5 Grad Stammwürze. Da sind dann Ungeübte meist schon nach einer Maß nicht mehr ganz ansprechbar – denn bei einem „normalen" bayerischen Schankbier sind es in der Regel nur 4,9 Vol.-% und elf bis zwölf Grad Stammwürze. Der einfache „Bock" liegt irgendwo dazwischen, er hat um die sechs Prozent Alkohol und 16 Grad Stammwürze. Wobei sich für Nichtbierexperten schon wieder eine Frage aufdrängt: Was ist eigentlich Stammwürze? Einfach gesagt ist das der Anteil der Stoffe, die aus Malz und Hopfen gelöst wurden. Ist die Stammwürze also hoch, schmeckt das Bier intensiver und vielfältiger – daher ja auch die Bezeichnung Würze.

TIPP

Vom Andorfer bis zur Veste Oberhaus sind es knapp 2 Kilometer.

Ein Bier ist jedoch nichts ohne Biergarten, und viele Besucher loben den Andorfer nicht nur wegen Weizenbock und Riesenportionen, sondern auch wegen seines Ausblicks auf Passau. Tatsächlich jedoch gibt es bessere Blicke auf die Stadt – vom Dom zum Beispiel ist hier nichts zu sehen. Am schönsten ist es im Andorfer daher bei Nacht, wenn im Garten unter den Linden die Lichter angehen, in den Wiesen die Grillen zu zirpen beginnen und es dennoch oft so still ist, dass man im Donautal das Schlagen der Kirchenglocken hört.

● Andorfer Weißbräu, Rennweg 2, 94034 Passau
www.andorferweissbraeu.de

● ÖPNV: Linie 7 ab ZOB Bussteig 3 Richtung Ries, Haltestelle Ries-Rennweg

Wohnen am Wasser

65 Das Hotel Schloss Ort

Zwischen 1996 und 2004 wurde am österreichischen Traunsee eine ziemlich erfolgreiche Fernsehserie mit dem Titel „Schlosshotel Orth“ gedreht. Auch wenn das Passauer Hotel Schloss Ort mit diesem mitten im See liegenden Hotel außer dem Namen eigentlich wenig gemeinsam hat, fühlt man sich doch spontan an dieses erinnert, was wohl vor allem mit der unvergleichlichen Lage des Schlosshotels direkt am Inn zusammenhängt und mit seiner von der Sonne beschienenen Terrassee. Auf dieser können die Gäste hoch über dem Fluss am Morgen frühstücken und am Abend bei einem Sundowner den Flaneuren auf der Flusspromenade zuschauen. Überhaupt fühlen sich an dem aus den Alpen kommenden Fluss viele Besucher schon fast wie in Tirol oder seinem südlicheren italienischen Teil. So schrieb der Reisende Wilhelm Hausenstein 1932: „In Passau umhergehen heißt, an all die schönen Städte denken, die an der alten Handelsstraße den Inn hinauf stehen. An Innsbruck und Kufstein, an Brixen und Bozen.“

TIPP
Das Morgentau gleich gegenüber bietet Massageformen aus Bali oder Vietnam an.

Das Schlosshotel Ort zählt zu den ältesten Gebäuden Passaus. Bereits um 1200 wurde es als „Veste Ort“ erwähnt und war eine Trutzburg am Zusammenfluss von Inn und Donau. Daher auch der Name „Ort“, der im Althochdeutschen so viel wie „Landspitze“ bedeutete. Später diente die Burg als Sitz des Landrichters und als Gefängnis. Seit 1873 wird sie als Gasthof und Hotel genutzt.
Unendlich schwer zugesetzt hat dem Hotel das Jahrhunderthochwasser von 2013. Damals stand das Wasser bis in den ersten Stock, Zimmereinrichtungen wurden ebenso zerstört wie die Küche. Viele hatten das Schlosshotel damals bereits aufgegeben, die ursprünglichen Besitzer zogen sich zurück, und erst drei Jahre später konnte nach einer Generalsanierung wieder eröffnet werden. Der Vorteil der Umgestaltung: Heute blicken die Besucher von fast allen der nur noch 18 Zimmer auf den grünen Fluss aus den Alpen.

- Hotel Schloss Ort, Ort 11, 94032 Passau
  www.hotelschloss-passau.com
- ÖPNV: Citybus ab ZOB oder Hbf., Haltestelle Römerplatz

HOTEL

66

Das Domschatzmuseum

Dies ist ein Ausflug in eine untergegangene Welt. Auch wenn der Bischof von Passau dies nicht so sehen dürfte. Und doch hat sich schon mancher am Eingang des Hauses Nr. 8 am Residenzplatz gefragt: Hier soll sich das Domschatzmuseum eines der einst mächtigsten Fürstbistümer Deutschlands befinden? Nichts wirbt für einen Besuch, stattdessen finden sich Prospekte für Pilgerreisen.
Und dann plötzlich die Überraschung: Eines der großartigsten Treppenhäuser des bayerischen Rokokos öffnet sich, erhebt sich über zwei Stockwerke und schließt in dem Deckenfresko „Die Götter des Olymp beschützen Passau" ab. Entstanden ist dieses Treppenhaus im späten 18. Jahrhundert. Wie in einem Theater und weniger wie in einer Bischofsresidenz wirken die halb entblößten, geschmeidigen Putti mit ihren Leuchtern.
Die Treppe führt hinauf zur ehemaligen Hofbibliothek der Fürstbischöfe, und schon wieder wartet eine Überraschung. Es sind weniger die alten Bücher und mehr das Deckenfresko, das den Saal überspannt. Erst in den 1980er-Jahren wurde es unter einer bis zu zehnfachen Übertünchung in seiner originalen Schönheit freigelegt. Ende des 17. Jahrhunderts von einem Mitglied der italienischen Künstlerfamilie Carlone geschaffen, zeigt es das klassische Bibliotheksprogramm: das Streben der Menschen nach Erkenntnis.
Die Ausstellung selbst ist für all jene, die andere Dom-Schatzkammern kennen, „bescheiden" – wie auch der Museumsführer zugeben muss. Dies hängt mit ihrer von Krieg und Bränden bestimmten Geschichte zusammen. Am interessantesten sind die sehr abwechslungsreichen Reliquiare sowie eine Nachbildung des berühmten Prager Sarkophags des heiligen Nepomuk. Im zweiten Stock befinden sich die früheren Repräsentationsräume der Bischöfe – eine elegante Raumfolge von Zimmern mit abwechslungsreichen Stuckdecken, die heute jedoch leer stehen und noch immer auf ihre neue Bestimmung warten.

TIPP

Die Hofstiege nebenan führt hinab zum Innbrucktor, einem der Reste der Stadtmauer.

- Museum am Dom, Residenzplatz 8, 94032 Passau
www.bistum-passau.de
- ÖPNV: Citybus ab ZOB oder Hbf., Haltestelle Residenzplatz

Saxophon unter der Kastanie

67

Jazz im Rathaushof

Lenny Popkin ist ein Gigant am Saxophon. Und eine Legende. Schon mit 13 Jahren entflammte der nun 80-jährige New Yorker bei einer Aufnahme von Louis Armstrong für den Jazz, und heute spielt er im Innenhof des Passauer Rathauses. Nur 100 Zuschauer sind bei diesem Top-Ereignis des Passauer Jazzfestes erlaubt, doch vor den Türen hoffen noch viele auf Einlass.

Das Jazzfest ist seit 2001 eine feste Größe im sommerlichen Kulturangebot der Stadt. In jedem Jahr kommen bis zu 10.000 Besucher zu den 50 bis 100 kostenlosen Veranstaltungen. Initiatoren sind die Betreiber des Café Museums, in dem das ganze Jahr über Jazzkonzerte stattfinden. Gerade erst wurden sie mit dem Posaunisten Paul Zauner für die Organisation des Jazzfestes mit dem Bundeskulturpreis „Applaus“ ausgezeichnet.

TIPP

Während des Jazzfestes finden auch Lesungen statt.

Hauptveranstaltungsort ist der Innenhof des Rathauses, und das Erstaunliche ist, dass man dem Haupteingang in der Schrottgasse gar nicht ansieht, welch architektonisches Juwel sich hinter den graubraunen Mauern verbirgt. Der Weg führt durch einen Gewölbegang zu einem vierstöckigen Renaissancehof, um den sich Arkadengänge ziehen, wie man sie sonst aus Italien kennt. Bei den Konzerten werden sie grün und blau erleuchtet, was nicht unwesentlich zum Zauber der Veranstaltungen beiträgt. In der Mitte des Hofes aber steht eine gewaltige Kastanie, 1935 wurde sie gepflanzt und ist damit sechs Jahre älter als der heutige Künstler. Nicht nur einmal hat das „Passauer Naturdenkmal“ den Konzertbesuchern bei plötzlichem Platzregen Schutz geboten.

Doch an diesem lauen Sommerabend droht keine Gefahr von oben, und so zieht Lenny Popkin mit Bassist Giles Naturel und Schlagzeugerin Carol Tristano das Publikum sofort in seinen Bann. Die meisten Besucher sind vorgerückten Alters, doch auch Studierende der Passauer Uni sind gekommen. Sie alle lassen sich von einem Jazz ergreifen, der keine lauten Töne kennt, sondern klingt wie ein ruhiger Dialog dreier Instrumente.

- JazzFest Passau e. V., Rathaus, Rathausplatz 2, Zugang über Schrottgasse, 94032 Passau, www.cafe-museum.de
- ÖPNV: Citybus ab ZOB oder Hbf., Haltestelle Rathaus

JazzFest Passau
Landes JAZZ festival Bayern
18.07. – 28.08.2021
Löwenbrauerei Passau
WWW.LOEWE
LÖWENBRAUEREI.DE

Eine Brücke zum Innehalten

68

Der Fünferlsteg

Es gibt Dinge, die scheinen einer längst vergangenen Zeit anzugehören und waren doch noch für unsere Eltern hochaktuell. Wer zum Beispiel früher den Inn zwischen Nikolakloster und Severinskirche überqueren wollte, musste dafür fünf Pfennig, ein „Fünferl", Maut bezahlen. Natürlich gab es auch Jahreskarten, die nur zehn Mark kosteten und ungemein populär waren. 1916, mitten im Ersten Weltkrieg, wurde die Fußgängerbrücke von einer Aktiengesellschaft über den Inn gezogen. Hindenburgbrücke hieß sie offiziell, inoffiziell jedoch spricht man bis heute nur vom Fünferlsteg.

Doch aus dem Fünferlsteg wurde nach dem Zweiten Weltkrieg schnell ein Zehnerl- und ab 1973 schließlich sogar ein Zwanzigerlsteg, was vielen Passauern endgültig zu viel war, weshalb sie begannen, den Steg zu boykottieren, und stattdessen auf der 500 Meter entfernten Marienbrücke den Inn überquerten.

Ein Boykott, der Erfolg hatte. Denn die Innsteg-Aktiengesellschaft ging nur drei Jahre später Bankrott, die Stadt übernahm den Steg, und von nun an war das Überqueren der 170 Meter langen und nur 2,5 Meter breiten Fußgängerbrücke aus Stahl kostenlos. Mindestens ebenso beeindruckend wie der Fünferlsteg selbst ist jedoch der Blick von ihm. Dom und Erzbischöfliches Palais, Stadttheater und Veste Oberhaus, das ganze Panorama der Stadt breitet sich vor dem Brückengänger aus. Hier möchte man gern verweilen! Und kann es doch oft nicht, denn die Brücke ist inzwischen zum Radl-Schnellweg der Studierenden in ihre Hörsäle direkt neben dem Steg geworden.

Einen Ort zum Verweilen gibt es aber dennoch, und es ist nicht der schlechteste. Natürlich bietet das Café „Die Küche" nicht den direkten Blick auf die Altstadt, dafür entschädigt eine grüne Sonnenterrasse, Liegestühle am Flussufer und die „Schnittchen und Süppchen" aus genau derselben Mautstation, in der einst die Fünferl kassiert wurden.

TIPP

In der Severinskirche am rechten Innufer gibt es einen Weihestein aus dem 3. Jahrhundert.

- Fünferlsteg, Innsteg, 94032 Passau
- ÖPNV: Linie 8, 9 ab ZOB Bussteig 2 Richtung Kohlbruck, Haltestelle Universität

Süßes Imperium

69 Cafés und Werkstätten der Familie Greindl

Sie sind rosa und violett, pastellgrün und himmelblau oder auch honiggelb. An grauen Passauer Regentagen hebt ein Besuch in der Lebkuchenwerkstatt der Greindls im Altstädter Steinweg ungemein die Stimmung. Denn nicht nur die Volksfestherzen leuchten in den buntesten Farben, sondern auch ein weiteres Aushängeschild der Familie: die Macarons. Jene luftigen Baisers aus Mandelmehl, die schon im Frankreich des Mittelalters erfunden wurden und seit einigen Jahren bei uns immer populärer werden, verdanken ihre Farbe und ihren Geschmack den darin enthaltenen Pistazien und Cassis.

Die Greindls gründeten in Passau 1976 so etwas wie ein süßes Imperium: Drei Cafés gehören ebenso dazu wie das Lebkuchengeschäft und eine Pralinenwerkstatt gleich neben dem Dom. Mit einer Goldmedaille prämiert wurde der Sissi-Prosecco-Trüffel, der mit winzigen kandierten rosa Rosen verziert ist. Alle der rund 50 Trüffel- und Pralinensorten der Greindls werden hier hergestellt, und in Pralinenkursen kann man lernen, wie das geht.

Im selben Haus am Dom befindet sich auch das wohl außergewöhnlichste Café ganz Passaus: das Stephan's. Rosa Plüschsessel, hellgrüne Rokokosofas und an den Decken Lampen, die aussehen wie überdimensionierte Pralinen. „Barocke Zimmer, in denen Zuckerbäckerei angeboten wird, vertragen auch einen Zuckerbäckerstil", sagt hierzu Besitzer Stephan Greindl. In den 5 Meter hohen Räumen kommen die Besucher zunächst aus dem Staunen kaum heraus. Danach aber können sie sich verwöhnen lassen: Mindestens zehn Torten und Kuchen stehen zur Auswahl bereit, keine Frage, dass auch sie in den herrlichsten Farben leuchten.

Im Stephan's gibt es zudem eine Dachterrasse, auf der man abgeschieden vom Touristen-Trubel seinen Blick über die Dächer der Stadt schweifen lassen kann. Und das Stammhaus in der Wittgasse bietet neben gotischen Gewölben einen kleinen, intimen Innenhof.

TIPP

Zu den Spezialitäten gehören auch Pralinen mit dem Antlitz des Passauer Tölpels (siehe Seite 102).

- Café Stephan's am Dom und Pralinenwerkstatt, Domplatz 2, 94032 Passau www.greindl-passau.de
- ÖPNV: Citybus ab ZOB oder Hbf., Haltestelle Domplatz

Spiele in Wasser und Wald

70 Am Eginger See

Nein, dies ist keine Oase der Ruhe, und das ist auch gut so. Denn der Eginger See ist nicht nur, aber vor allem ein Spiel- und Sportparadies für Kinder. Wellenwasserrutsche und Bodenblubber. Überdimensionale Blumen, deren Blütenkelche sich mit Wasser füllen, um es dann mit einem Schwall von sich zu geben. Balancieren auf einem Stand-up-Paddle oder sich im Boot einfach über das Wasser treiben lassen. Dies alles bietet einer der ganz wenigen Naturbadeseen des Bayerischen Waldes, 25 Kilometer nordwestlich von Passau im Luftkurort Eging. Und schwimmen kann man in dem 20 Hektar großen See natürlich auch ausgiebig. Wenn man sich dann so richtig ausgepowert hat, wartet ein fast schon mediterraner Sandstrand. Oder ein Backhendlburger auf der Terrasse des Seewirts, der im Übrigen auch an weniger sonnigen Tagen geöffnet hat. Und an solchen Tagen kann der Eginger See inmitten von Wiesen und artenreichem Mischwald tatsächlich eine Oase der Ruhe sein.

TIPP

Einen Besuch wert sind auch die Sonnen-Therme und die Westernstadt Pullman City.

Um den See führt auf 4 Kilometern der Themenweg „Spurensuche“. Dabei wird mehr geboten als die sonst üblichen Infotafeln, vielmehr geht es darum, das Leben des Waldes ganz sinnlich zu begreifen. Bei einem „Gipfelblick“ zum Beispiel, bei dem nicht etwa ein Gipfel des Bayerischen Waldes zu sehen ist, sondern der Wanderer von einer Liege aus in die Wipfel der Bäume blickt – und ins Träumen gerät. An einer anderen Station sind die Oberflächenstrukturen von Granit zu erfühlen. Zwischen den „Wurzelwelten“ oder dem „Tierartenspiel“ eröffnen sich immer wieder Ausblicke auf den See, ein offener Holzpavillon liegt sogar direkt am Wasser. Warum jedoch schlägt ein Kind mit einem Stock auf einen Baum und ein anderes drückt sein Ohr dagegen? Es ist ein Baumtelefon, das zeigt, wie Holz Töne leitet – und so haben die Kinder nicht nur beim Baden, sondern auch hier ihren Spaß.

- Eginger See, Rohrbach 81, 94535 Eging am See
- ÖPNV: Linie 6129 ab Passau Hbf., Haltestelle Eging, Abzw. Kurhaus

Kamille mit Zitronenfalter

71 Die Donauau bei Vilshofen

Die Donau in Deutschland ist heutzutage in weiten Teilen ein begradigter und zwischen Dämmen eingepferchter Fluss. Mit einer Ausnahme: Zwischen Deggendorf und Vilshofen befindet sich einer der letzten Abschnitte, die nicht reguliert wurden. Diesen zu bewahren, erforderte einen jahrzehntelangen Kampf der Naturschützer gegen CSU und bayerische Staatsregierung. Überlebt haben so kleine grüne Inseln im Fluss und die urwaldartigen Auwälder.

Einer der besten Plätze, um nahe Passau diese ursprüngliche Donaulandschaft kennenzulernen, liegt am Ortseingang von Pleinting gleich hinter Vilshofen, 25 Kilometer westlich Passaus. Bei der Erkundung sollte man bedenken: In Wäldern am Wasser ist es oft schwül, und Mücken sind keine Seltenheit, am besten ist es, am frühen Morgen oder spät am Abend herzukommen. Und: Wer durch Flora und Fauna bis zum Wasser vordringen möchte, braucht feste Schuhe und eine lange Hose.

TIPP

In Vilshofen lohnt der Wolferstetter Keller, wo Franz Josef Strauß seine Aschermittwoch-Reden hielt.

So ausgestattet heißt es jetzt nur noch, Augen und Ohren offenzuhalten. Denn Auwälder und ihre Wiesen sind wahre Biotope. Dutzende Zitronenfalter laben sich an den Blüten eines Kamillenfeldes, Bienen umschwirren Mohn- und Kornblumen, ein Fasan bahnt sich seinen Weg durch die Rapsfelder, deren Früchte ohne Blüten aussehen wie Erbsenschoten. Frösche haben am Ufer ihr Konzert begonnen, ein Hase sucht das Weite, und über allem ziehen schreiend einige Wildgänse.

Direkt am Wasser, gleich nach der Unterführung der Bundesstraße, wo man auch das Auto parken kann, liegen große, vom Zahn der Zeit ausgewaschene Steine im Wasser. Im Wäldchen nebenan hat ein Angler seinen Lieblingsplatz gefunden, drei Wochenendhäuser stehen da, doch ansonsten verirren sich nur wenige Spaziergänger hierher. Das Wasser der Donau wirkt so frisch und klar, dass es zum Baden verlockt. Die Wasserqualität ist seit einigen Jahren wieder gut, nur die Strömung muss beachtet werden.

● Donauau, 94474 Vilshofen
● ÖPNV: Linie 6148 ab Hbf., Haltestelle Pleinting Bahnunterführung

Maria Magdalena als Braut

72

Biblische Geschichten in der Marienkirche

Es gibt wohl keinen Künstler, der mehr über Fresken wusste als Michelangelo. Schon als Bottega-Schüler im Florenz des 15. Jahrhunderts rührte er die Farben dafür an, und die Ausmalung der Sixtinischen Kapelle kostete ihn fast das Leben. Michelangelo arbeitete „al fresco", sein großer Konkurrent Leonardo da Vinci dagegen eher „al secco". Eines seiner berühmtesten Werke, das „Abendmahl" in Mailand, musste immer wieder restauriert werden, um den Verfall aufzuhalten. Denn Farben, die auf trockenem Untergrund aufgetragen werden, halten sich schlechter als jene auf nassem Mörtel.

Welch Glück also und auch wie nahezu unglaublich, dass sich in der ansonsten weitgehend zerfallenen Marienkirche des Klosters Niedernburg Al-secco-Malereien erhalten haben, die mehr als 800 Jahre alt sind. Unter späteren Übermalungen entdeckt wurden sie erst vor 100 Jahren, seitdem bemüht man sich um Konservierung. Weil dies so schwierig ist, wird der Blick auf die Fresken nur durch eine Scheibe ermöglicht.

Die Bilder zu entschlüsseln, wird so natürlich nicht einfacher. Sofort ins Auge fallen jedoch die roten und gehörnten Teufel inmitten von Flammen. Sie sind Teil der Parabel vom armen Lazarus und seinem Gegenspieler, dem geizigen Prasser, der ein Festmahl feiert und keine Krume Brot abgibt. Als beide sterben, landet der Prasser erwartungsgemäß in der Hölle. Seine Bitte, ihn zu erlösen, wird nicht erhört. Lazarus dagegen ruht über den Teufeln sicher im Schoße Abrahams.

Eindrucksvoller, weil etwas besser erhalten, ist die „Hochzeit in Bethanien" an der rechten Seite: Jesus sitzt vor Brot und Fischen neben einer Frau mit Heiligenschein. Kunsthistorikern zufolge handelt es sich um Maria Magdalena, die auf diese Weise als seine Braut dargestellt werde. Dies ist ein sehr seltenes Motiv, denn Katholiken gilt Maria Magdalena ja eigentlich als Hure und nicht als Braut Jesu. Auch deshalb sind die Passauer Fresken etwas ganz Besonderes.

TIPP

In der früheren Kirche, die heute Fresken-Museum Niedernburg heißt, informiert ein Film über die Technik der Al-secco-Malerei.

- Fresken-Museum Niedernburg, Bräugasse 14, 94032 Passau
  www.tourismus.passau.de
- ÖPNV: Citybus ab ZOB oder Hbf., Haltestelle Römerplatz

Von Nasen und Fischkrapferln

73

Die letzten Donaufischer

Der Kiosk ist so unscheinbar, dass Ortsunkundige ihn nur schwer finden. Er steht an einer viel befahrenen Ausfallstraße Richtung Österreich, und wer würde vermuten, dass dies der letzte Ort in Passau ist, an dem man frischen Fisch aus der Donau kaufen kann?
Was nicht einmal so sehr an der Zahl der Fische liegt, denn diese wächst seit einigen Jahren wieder, wenn auch nur langsam. Entscheidender ist, dass sich das Fischen einfach nicht mehr lohnt. So gibt es nur noch ganz wenige Berufsfischer in der Dreiflüssestadt. Der bekannteste von ihnen ist zweifellos Karl Köck. Unzählige Artikel wurden über ihn geschrieben, mehrere Dokumentationen gedreht. Schon mit vier Jahren fuhr er mit seinem Vater auf einem schmalen Fischerkahn hinaus, jetzt zählt er über 80 Jahre. Zwar hat Karl Köck den Betrieb vor einigen Jahren an seine Kinder übergeben, doch noch immer gehört er zu den sogenannten Apostelfischern. Diese Passauer Einrichtung ist bald 600 Jahre alt: Die „zwölf Apostel" besitzen allein das Recht, auf einer Strecke von rund 5 Kilometern zwischen dem Stauwerk Kachlet und der Mündung der Ilz in der Donau zu fischen.
Auf der Mai- und Herbstdult, den größten Passauer Volksfesten, sind die Köcks seit den 1960er-Jahren eine Institution. Und an jedem Freitagvormittag hat ihr kleiner Kiosk in der Ilzstadt geöffnet. Neben bekannten Donaufischen wie Waller und Brachsen werden auch die weniger bekannten Nasen angeboten. Seinen Namen verdankt dieser Fisch dem tief liegenden Maul, das die Kopfspitze wie eine Nase aussehen lässt. Vom Aussterben bedroht wurden sie bereits mehrmals zum Fisch des Jahres gewählt. Ganz besonders beliebt sind am Köck-Kiosk jedoch die Fischkrapferl. Weißfisch wird eher grob als fein gehackt, mit Semmelbröseln paniert und in Fett goldgelb ausgebacken. Röscher, saftiger und vor allem frischer könnten die Krapferl nicht sein.

TIPP

Infos über Angelmöglichkeiten gibt es im Fischereibedarf Anton Hartl, Bräugasse 18, 94032 Passau.

- Fischbraterei Köck, An der Obernzeller Straße, 94034 Passau
  www.fischbraterei-koeck.de
- ÖPNV: Linie 1, 2 ab ZOB Bussteig 1 A, B Richtung ZF-Werk bzw. Ziegelreuth, Haltestelle Ilzbrücke

Kino und Café

74 Das ProLi

ProLi steht für Promenade-Lichtspiele und ist – nahe der Inn-Promenade gelegen – das älteste Kino Passaus. Ja, es ist sogar eines der ältesten Kinos Deutschlands, bereits 1910 wurde es in einem ehemaligen Pferdestall eröffnet. 1927 erwarb dann die Familie Vesper die Lichtspiele, Juli Marie, Andreas und Sebastian Vesper führen es nun bereits in der vierten Generation. Der grüne Schriftzug „ProLi" auf dem Dach des Hauses erinnert unzählige Passauer an ihr erstes Filmerlebnis.
Ganz so problemlos, wie sich diese Geschichte anhört, war sie jedoch nicht. 2006, nachdem die Kinos immer größer und multimedialer geworden waren, galten die Lichtspiele als veraltet und überlebten noch einige Jahre als „Kulturhaus". Dann jedoch kam 2013 die Flut, und der Inn verwandelte das Gebäude in eine Schlammruine. Wiedereröffnet werden konnte erst fünf Jahre später, jetzt jedoch mit einer wichtigen Ergänzung: Die ProLi haben nun auch ein Café mit Sonnenterrasse. Und dieses zieht am Morgen die Passauer mit seinen fantasievollen, nach Filmen benannten Frühstückskombinationen an. So gehören zu „Susi und der Strolch" vegane Aufstriche, Avocado-Erbsen und Ratatouille. Zu den Spezialitäten des Abends zählen französische Galettes – fantasievoll gefüllte Buchweizenpfannkuchen.
Gegen neue Verwüstungen durch den Inn haben sich die Vespers inzwischen vielfach abgesichert, ja, den Inn in die ProLi zu holen, ist geradezu Programm geworden. So erinnert die geschwungene Bar mit ihren blaugrünen Fliesen an das Wasser des Alpenflusses, und auch im Kinosaal wogen die Wellen des Flusses in einem Lichtspiel. Nur 72 Plätze gibt es, und besonders begehrt ist die letzte Reihe. Dort lassen sich die breiten Ledersessel per Knopfdruck in Liegesessel verwandeln. Zu sehen sind im ProLi im Übrigen Filme jenseits des Mainstreams, und so steht man ganz in der fast schon verschwundenen Tradition des Programmkinos.

TIPP

Im ProLi treten auch Kabarettisten auf.

● ProLi, Unterer Sand 13, 94032 Passau
www.proli.cafe
● ÖPNV: Linie 3, 4 ab ZOB Bussteig 1 D Richtung Achleiten, Haltestelle Stadttheater

Eine Treppe voller Hoffnung

75

Die Himmelsleiter von Maria Hilf

Vielleicht kann man diese Treppe nicht gerade als Glücksort bezeichnen. Nicht etwa, weil sie auf 321 Stufen vom Inn steil den Berg hinaufführt, sondern vielmehr, weil auf ihr in nunmehr fast 400 Jahren Hundertausende Gläubige mit all ihren Sorgen und Nöten auf Knien auf jeder Treppenstufe und schließlich in der Wallfahrtskirche Maria Hilf selbst um Hilfe baten.

Und genau von deren Hoffnungen zeugt diese Treppe. Ihre Wände sind bedeckt mit Votivgaben, Hunderten von Bildern, Kreuzen, Kerzen und Rosenkränzen. Am häufigsten ist der Dank für die Heilung von einer Krankheit, doch mancher Gläubige fertigte auch einen Hilferuf, mit dem er sich das Ende seiner Einsamkeit erflehte. Besonders häufig sind Darstellungen, die die Errettung vor dem Ertrinken zeigen – kein Zufall in einer Stadt mit gleich drei Flüssen. Auffällig für einen solch barocken Gang ist die hohe Zahl an modernen Bildern. Doch in der Säkularisation von 1803 gingen viele ältere Votivtafeln verloren. Auch war die Treppe in ihrer Frühzeit aus Holz, erst in der zweiten Hälfte des 19. Jahrhunderts wurde sie durch Granit ersetzt.

TIPP

Von Mai bis Oktober findet an jedem 13. eines Monats eine Lichterprozession statt.

Die Passauer nennen die Treppe „Himmelsleiter", ebenso wie den steinigen Aufstieg auf den Gipfel des Lusen, mit 1373 Metern der dritthöchste Berg des Bayerischen Waldes. Vollendet wurde sie zur gleichen Zeit wie die Wallfahrtskirche selbst, im Jahr 1628. Ihr Gnadenbild war damals das bedeutendste im ganzen Deutschen Reich. Kaiser Leopold I. betete hier mehrfach, und aus Anlass seiner Hochzeit in Passau 1676 stiftete er Maria Hilf eine „Kaiserampel", einen mit Gold, Silber und Brillanten geschmückten Leuchter.

Dass die Marienanbetung keine Sache der Vergangenheit ist, zeigt ein kleiner Briefkasten, in den man Bittbriefe werfen kann. An die 50 Stück sollen es in der Woche sein, bei einer Andacht am Mittwochabend werden sie vorgelesen.

● „Himmelsleiter", Wallfahrts-Stiege Mariahilf, Eingang zur Treppe: Neutorgraben, 94032 Passau-Innstadt, www.mariahilf-passau.de
● ÖPNV: Linie 3, 4 ab ZOB Bussteig 1 D Richtung Achleiten, Haltestelle Jahnstraße

Tagesausklang im Alten Bräuhaus

76

An der Luitpoldbrücke

Heute gilt sie als die schönste Brücke über die Donau im Passauer Land: die Hängebrücke, die am 11. März 1911 zum 90. Geburtstag des allseits beliebten Prinzregenten Luitpold eröffnet und nach ihm benannt wurde. Doch damals bezeichneten viele Passauer die moderne Eisenbrücke nahe der mittelalterlichen Veste Niederhaus als Schandfleck. Ein Teil der Felsen direkt an der Donau musste für den Bau gesprengt werden, und so schrieb der Historienmaler Ferdinand Wagner von einem „grässlichen Unglück für Bayerns schönste Stadt".

100 Jahre später ist von solchen Bedenken nichts mehr zu spüren: Vielmehr findet auf der Luitpoldbrücke einer der Höhepunkte des städtischen Kulturlebens statt: das Brückenfest, bei dem jedes Jahr im Juni bis zu 7000 Besucher die Brücke im wahrsten Sinne des Wortes besetzen und mit Volksmusik, Feuerwerk und natürlich viel Speis und Trank feiern.

TIPP

Falls im Biergarten kein Platz mehr ist: Gleich gegenüber steht die alte Maidultausschankhütte der Löwenbrauerei.

Doch auch für all jene, die nicht zum Brückenfest nach Passau kommen können, lohnt sich ein Besuch der Hängebrücke. Denn direkt nebenan liegt das Alte Bräuhaus mit seinem Biergarten. Und dieses Bräuhaus hat seinen Namen wirklich verdient. Bereits 1333 konnte es nach einer Änderung der Zunftordnung durch den herrschenden Bischof eröffnet werden, und es heißt, dass der geistliche Herr einer der ausdauerndsten Kunden seiner neuen Ordnung war.

Heute wird in dem alten gotischen Gewölbe das Bier der Gräflichen Arco-Brauerei aus Moos ausgeschenkt, die immerhin auch schon mehr als 450 Jahre alt ist. Bräuhaus-Wirtin Michaela Rohmann, die ganz auf altbayerische Tradition setzt, bietet dazu Schweinsbraten oder auch gepökelte Surhaxn in einer Dunkelbiersauce an. Am besten schmeckt es unter den alten Kastanien an Sommerabenden, wenn in den Strahlen der untergehenden Sonne hoch über der Donaubrücke die Veste Oberhaus zu leuchten beginnt.

- Altes Bräuhaus Passau, Bräugasse 5, 94032 Passau, altes-braeuhaus.de
- ÖPNV: Citybus ab ZOB oder Hbf., Haltestelle Römerplatz

Donau

Farbenfrohe Inspiration

77 Die Schwägerlwirtschaft

Katharina Schwägerl nimmt sich Zeit für ihre Kunden. Bis ins Detail erklärt sie, mit welchem Pinsel, welcher Farbe man welchen Effekt an einem alten Möbelstück erzielen kann. Denn genau dies ist die Leidenschaft der Schauspielerin: das Verschönern alter Möbel. „Wir sind eine Möbelverwandlerei", sagt Schwägerl, die sich selbst gern Verwandlungskünstlerin nennt. „Möbel so zu verändern, dass sie wieder bewundert werden, macht mich und meine Kunden glücklich."
Seien es Canapés, Küchenbuffets, Glasvitrinen oder einfach nur ein Spiegel, alles verwandelt Schwägerl. Auf ihrer Homepage kann man sich ansehen, wie die Möbel vorher und wie sie nachher aussehen. Und dass die Schwägerl ihr Handwerk versteht, davon zeugen unzählige geradezu überschwängliche Kommentare im Internet: „Du bist einfach die tollste Einrichtung für Möbelveränderung."
Das Haus, in dem Schwägerl ihre „Wirtschaft" seit 2017 betreibt, ist ein frühbarocker, etwas heruntergekommener Prachtbau vom Beginn des 17. Jahrhunderts. 1876 wurde hier die erste Apotheke der Innstadt eröffnet, bis heute prangt der Schriftzug „Maria-Hilf" an den Fassaden.
Im Zentrum der Arbeit der Künstlerin steht die Restaurierung alter Möbel, die die Kunden bei ihr vorbeibringen. Es ist aber auch möglich, bereits „verwandelte" Möbelstücke zu kaufen. Neben Farben und Pinseln gibt es zudem alle erdenklichen Arten von Schablonen, mit denen man Möbel verzieren kann. Besonders stolz ist Katharina Schwägerl darauf, „offizieller Chalkpainthändler für die wunderbaren Kreidefarben von Annie Sloan" zu sein. Nie gehört? Hierbei handelt es sich um eine der derzeit ungemein populären Kreidefarben, die die britische Künstlerin Annie Sloan entwickelt hat. Sie richtig einzusetzen, auch das kann man bei Workshops in der Schwägerlwirtschaft lernen. Könnte ein Urteil liebevoller sein als: „Seitdem ich in die Schwägerlwirtschaft gehe, ist mein Leben bunter"?

TIPP
In der Löwengrube 4 befindet sich das für seine Margaritas bekannte mexikanische Restaurant Cantina Ensenada.

- Schwägerlwirtschaft, Löwengrube 1, 94032 Passau
  www.schwaegerlwirtschaft.com
- ÖPNV: Linie 3, 4 ab ZOB Bussteig 1 D Richtung Achleiten, Haltestelle Kirchenplatz

AN
GUADN
BREZN
SOIZA
FRAGILE

Verwunschene Idylle

78 Stadtpark Freudenhain

Kurz bevor Frankreichs Revolution die Macht der katholischen Kirche beendete, entstand hoch über der Donau eines der bedeutendsten Bauprojekte dieser Institution: Schloss Freudenhain. Und der Name war Programm. Kardinal Auersperg hatte es 1783 in Auftrag gegeben, um sich mit seinen Freunden aus der Gilde der Freimaurer zu treffen, zu diskutieren und zu feiern. Der aufgeklärte Fürstbischof, er ahnte wohl, dass seine Zeit bald vorbei sein sollte.

Die vierflügelige klassizistische Anlage blieb bis heute mitsamt dem Wappen des Bischofs über dem Eingangsportal erhalten – nur dass in Freudenhain jetzt ein Gymnasium untergebracht ist. 1786 wurde mit der Anlage eines Schlossparks begonnen, der „rund 1500 Schritte im Geviert" zählen sollte. Ganz im Sinne der Aufklärung wollte der Bischof, der auch das Stadttheater stiftete, einen Volkspark schaffen, der für „jedermann und ohne Ausnahmen und zu allen Zeiten" frei zugänglich war.

Doch die Zeit ging über das Ideal eines solchen Parks hinweg, und zurück blieb ein leicht verwilderter Wald, der nun der Stadtpark Passaus ist. Buchen, Linden, Robinien, Ahorn- und Weichselbäume, zum Teil mit bis zu 50 Meter hohen, jahrhundertealten Stämmen, säumen den Oberen und den Unteren Alleenweg. Im Sommer eine kühle Oase, im Winter, wenn das Laub der Bäume gefallen ist, mit fantastischen Ausblicken auf die Donau im Tal. Die Allee ist Teil des Donaupanoramawegs, der von Neustadt bis nach Passau führt. Ab und zu finden sich im Stadtpark Erinnerungsstücke an den untergegangenen Freudenhain: so die ägyptische „Grotte des Wassergottes Canopus" oder die Reste eines gewaltigen Brunnens, heute Teil des Geistlichen Weges St. Konrad, der durch den Park führt. Und auch ein amerikanischer Tulpenbaum, der jedes Frühjahr aufs Neue mit seinen magnolienartigen Blüten verzaubert, überdauerte die Jahrhunderte.

TIPP

Ganz in der Nähe liegt der Langlebenhof, auf dem Aroniabeeren angebaut werden.

● Freudenhain, 94034 Passau
● ÖPNV: Linie 7 ab ZOB Bussteig 3 Richtung Ries, Haltestelle Freudenhain

Kaffee als Kunst

79 Das KaffeeWerk

Innstadt, Kirchenplatz: Neben einem Rokokopalais, in dem einst Prinz Eugen als spanischer Botschafter wirkte, stehen Liegestühle, drinnen sieht es ungeordnet wie im Wohnzimmer einer WG aus. 2010 haben die Gründer des „KaffeeWerkes“ ihr Café eröffnet und wollten dabei mehr sein als nur ein weiteres Café in Passau. Inspiriert von der Berliner „Third-Wave-Coffee-Szene“, die Kaffee wie Wein oder Craft Beer als hochqualitatives Genussmittel und seine Zubereitung als Kunsthandwerk betrachtet. Für guten Kaffee sei, so die Philosophie, „Wissen und Übung, aber vor allem Leidenschaft wichtig“. Und für alle jene, denen es an Übung fehlt, bietet das KaffeeWerk Barista-Kurse an.

Der Kaffee im Café kommt aus der eigenen „Büttner & Bauer Bohnenrösterei“ in Freyung im Bayerischen Wald. Die Bohnen werden unter anderem in Kolumbien und Tansania angebaut, und bei der Auswahl achten Markus Büttner und Stephan Bauer auf zwei Kriterien: Erstens sollen die Bauern von ihrer Arbeit jedes Jahr besser leben können, und zweitens ordern die beiden nur Bohnen, deren Kaffee sie auch selbst gern trinken.

TIPP

Im KaffeeWerk finden auch Konzerte und Vernissagen statt.

Kaufen kann man ihn nicht nur im Café in der Innstadt, sondern auch in der Theresienstraße in der Altstadt. Hier wird zudem eine große Auswahl an Kaffeemaschinen für Profis ebenso wie für den Hausgebrauch angeboten, und wer nicht weiß, für welche Maschine er sich entscheiden soll, wird nach Anmeldung ausführlich von Stephan Bauer beraten. So handelt es sich beim KaffeeWerk eigentlich nicht nur um einen, sondern um gleich zwei Glücksorte.

Der Klassiker im Café ist der Cappuccino, doch es wird auch – ganz im Sinne der Third Wave – mit aller Kunstfertigkeit gebrühter Filterkaffee angeboten. Und wer nach einer durchzechten Nacht wieder munter werden will oder muss, auf den wartet die Koffeinbombe Cold Brew, wahlweise auch mit Tonic. „Liebt es oder hasst es“ heißt es dazu auf der Speisekarte.

● KaffeeWerk, Kirchenplatz 3, 94032 Passau
www.kaffeewerk-passau.de

● ÖPNV: Linie 3, 4 ab ZOB Bussteig 1 D Richtung Achleiten, Haltestelle Kirchenplatz

KaffeeWerk
Almdudler

Engagement für Entschleunigung

80

Die Ilztalbahn

Plötzlich taucht hoch über dem Fluss die Burg Fürsteneck auf. Sie wird heute das Ziel vieler Wanderer sein. Doch zuvor tönt es aus dem Lautsprecher: „Liebe Gäste der Ilztalbahn, jetzt kommt ein Tunnel und danach die nächste Haltestelle."
Dass es die Ilztalbahn noch gibt, ist einer Handvoll Engagierter zu verdanken. Denn die Bundesbahn hatte die Strecke zwischen Passau und Freyung im Bayerischen Wald, die bereits 1892 gebaut worden war, 1982 stillgelegt. Zu unrentabel, hieß es, und tatsächlich fuhren viele „Waldler" lieber mit dem Auto zur Arbeit. Doch 2006 entstand ein Verein zur Erhaltung der Bahn. Spenden wurden gesammelt, unzählige politische Gespräche geführt, vor allem aber: Hand angelegt. Denn die 50 Kilometer langen Gleise waren inzwischen zugewachsen.

TIPP

Eine weitere Bahninitiative belebt derzeit die „Granit-Bahn" nach Hauzenberg.

Heute fährt der Triebwagen, der es auf eine Höchstgeschwindigkeit von 50 Stundenkilometern bringt, dicht vorbei an Pferdekoppeln, Kuhställen und Sägewerken. Eine Künstlerwerkstatt taucht auf und auch der „größte Hersteller für Holzrahmen in Deutschland". All dies stets begleitet von der Ilz, zuerst rechts, dann links der Fahrtrichtung, und die Ilztalbahner in ihren lila T-Shirts geben gern Hinweise für den besten Blick.
Überhaupt bietet es sich an, bei der Fahrt schon mal zu überlegen, wo man gerne einmal an der Ilz entlangwandern möchte. Manche Fahrgäste entscheiden sich spontan und steigen an einer besonders schönen Stelle aus. Nach einer Wanderung von nur 5 Kilometern können sie dann wieder in die Bahn einsteigen – denn so weit sind die Ilz-Bahnhöfe ungefähr voneinander entfernt. Allerdings fährt die Bahn nur an Wochenenden zwischen Mai und Oktober.
Überhaupt kann eine Fahrt mit der Ilztalbahn ein kleines bisschen süchtig machen. Je länger der Zug sich seinen Weg durch die wuchernden Gräser, Farne und Blumen bahnt, umso tiefer wird die Entspannung, und eigentlich wünscht man sich nur, dass diese Fahrt noch lange dauert.

● Ilztalbahn, ab Passau Hbf., www.ilztalbahn.eu

Röhrnbach
Ilztalbahn
Auf einen Blick

Bibliografische Informationen der Deutschen Nationalbibliothek
Die Deutsche Nationalbibliothek verzeichnet diese Publikation in der Deutschen Nationalbibliografie; detaillierte bibliografische Daten sind im Internet über http://dnb.d-nb.de abrufbar.

Konzeption/Satz: Droste Verlag, Düsseldorf
Einbandgestaltung und Illustrationen: Britta Rungwerth, Düsseldorf, unter Verwendung von Bildern von © Fotolia.com: jd – photodesign.de; © iStock: Plociennik Robert
Fotos: Sabine Herre, außer:
S. 11: Stadt Passau; S. 15: ScharfrichterHaus; S. 23: Museum Moderner Kunst Wörlen Passau; S. 33: Römermuseum Kastell Boiotro; S. 47: Festspiele Europäische Wochen Passau e. V.; S. 51: Hotel Wilder Mann; S. 55: Rupert Bachl; S. 63: Universität Passau; S. 85: Anton Aschenbrenner; S. 87: Freyberger Drucklädchen; S. 89: Staatliche Bibliothek Passau; S. 91: Bad Birnbach, Dominik Schmidhuber; S. 99: Stadt Passau; S. 101: Studio Weichselbaumer; S. 109: Landestheater Niederbayern; S. 113: Glasmuseum Passau; S. 119: Andrea Henschel

FSC
www.fsc.org
MIX
Papier aus verantwortungsvollen Quellen
FSC® C011279

Druck und Bindung: LUC GmbH, Greven
ISBN 978-3-7700-2271-7

www.droste-verlag.de